漫畫圖解！

189位偉人·名人引領你向前邁進

這個句子改變我

定政敬子 著
Modoroka 繪

越早理解越好的人生名言集

マンガでわかる！10代に伝えたい人生を前に進める名言集

前言

有沒有一句話曾經讓你刻骨銘心呢？

在你心情失落的時候、在你因為別人的言行感到受傷的時候、在你覺得難受煎熬的時候、在你覺得孤零零的時候，有沒有一些話能夠帶給你安慰，撫慰你的傷口，或是振奮你的精神，讓你重新振作起來呢？

黑柳徹子已經高齡80歲，現今仍是位活躍的全方位藝人，然而小時候的她也是個問題兒童。進入小學沒多久，學校就以影響老師授課為由要求黑柳徹子休學。之後，她便進入一所叫做巴氏學園的學校。

這所學園的校長，對著很有個性、行動非比尋常的黑柳徹子說：

「雖然許多人都覺得妳不是乖寶寶，但老師其實很清楚妳的個性一點都不壞，妳擁有自己的優點。」

每當她又闖禍時，老師總是對她說：

「妳其實是個很棒的孩子喔。」

後來，黑柳徹子曾這麼說：「這句話對我而言相當重要，也許就是這句話決定了我的一生。」

能夠擁有這麼一句話的人真的很幸運。因為，這一句話就能夠支持著我們的一生。

即使你尚未擁有這樣的一句話，那也不要緊。就從這本書中找出它吧。

如果，周圍的人總是對你說些「否定的話」，那也不用太在意。你的價值，由你自己決定。

你有想做的事情、目標，或是夢想嗎？我們在實現夢想的過程中，都會遇到許多必須跨越的難關。

這時候，我們就要擁有能夠改變自己內心的一句話。這樣一來，你的人生就能一直保持正向積極，一直保持充實而富足。

不論何時，你最大的靠山，就是你自己。

本書使用指南

請從「目次」找出你現在煩惱的問題。
然後翻到那一頁，那一頁漫畫裡的主角與你有著類似煩惱。

仔細瞧瞧，
你看見那隻一直默默守護你的小狸貓（傳話小狸）嗎？

這隻小狸貓會變身成偉人，
然後告訴現在的你所需要的名言佳句。

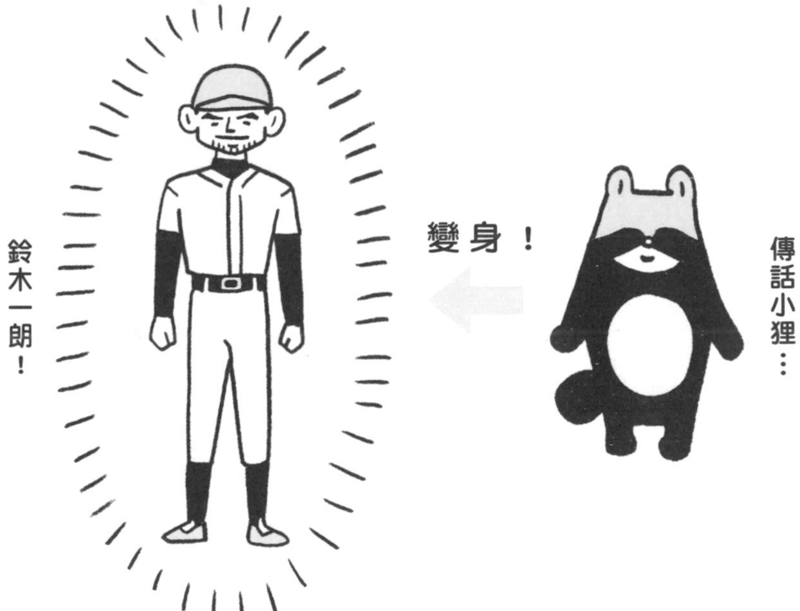

左頁的內容，
則是另一位偉人的生平小故事，
這位偉人也有著相同的煩惱與痛苦。

讀完他的故事後，
你就會了解到「原來自己不是孤單的」。
然後，也請你將這些偉人所說的話，牢牢地記在心中。即使有什麼痛苦難熬的事，
也已經不要緊了。

從此刻起，你已獲得這些至理名言。
這些偉人所說的話，
都會是你人生裡的好幫手。
你會隨著這些名言佳句，
慢慢地改變，成長蛻變為一名大人。

傳話小狸登場的頁數

偉人的生平小故事

其他偉人的名言佳句

這個句子改變我 越早理解越好的人生名言集 ● 目次

第2章 若你希望熱情地活著

第3章 ● 找到「自我」的方式

特別章 ● 支持偉人的那些話

前進吧！

第5章 跨越「煎熬的心情」

第6章 改變往後生活態度的12句話

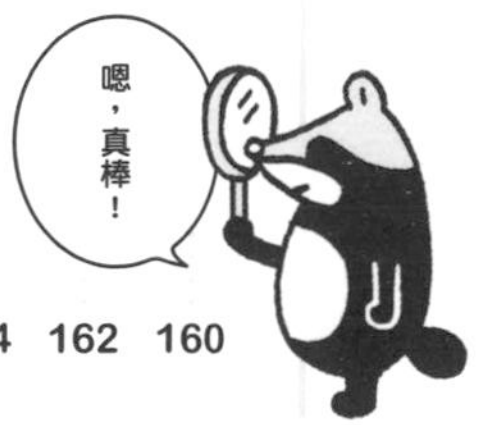

第 1 章

給為人際關係煩惱的你

因為害羞內向而找不到歸屬

這位偉人

在找不到歸屬之處的少年時代裡，他唯一的樂趣就是看電影。而後來的他也在電影的世界大放異彩

史蒂芬．史匹柏

電影導演，1946年出生於美國愛荷華州，父親為電力技師，母親為鋼琴家

長年以來稱霸好萊塢電影圈的史蒂芬．史匹柏，青少年時期因為猶太人的身分，且患有學習障礙之一的閱讀障礙，使他頻頻遭到霸凌。「我很害羞內向，所以都沒有一個讓我擁有存在感、安心感的歸屬之處。我總是擠不進去那些吵吵鬧鬧的朋友之間。」就算在學校，他也覺得受到了排擠。唯一能讓他感到安心的，就是獨自一人在家裡看電影的時光。他這麼說：「華特．迪士尼之於我有生育之恩，電視之於我則有養育之恩。」13歲時，父親請他以V8攝影機拍攝影片，從那之後他便迷上了拍攝影片的魅力，開始自動自發地製作起電影。

17歲時，他到加州遊玩並參加了環球影城的遊行，因此認識環球影城的園區工作人員，拿到了環球影城的通行證，建立起人脈。後來，他進入加州大學修讀電影製作藝術，放假時就會跑到工作室，將空著的清潔間當成自己的辦公室，開始進出好萊塢。

史蒂芬．史匹柏終於能夠盡情地發揮他在孤獨時培養出的電影熱情，以及他所擁有的才華，是的，他終於找到他第一個歸屬之處了。

孤獨而充實，這就是人類。

岡本太郎，藝術家（1911-1996）

自己即是自己最棒的朋友。

亞里斯多德，古希臘哲學家（西元前384-322）

孤獨及受排擠帶領我走向創作。

奈良美智，畫家（1959-）

克服霸凌

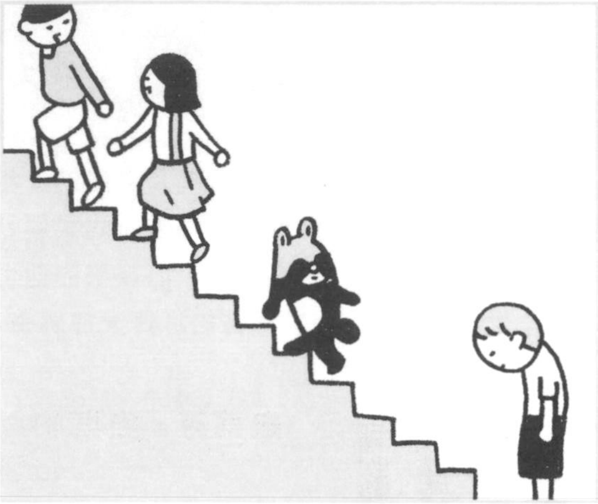

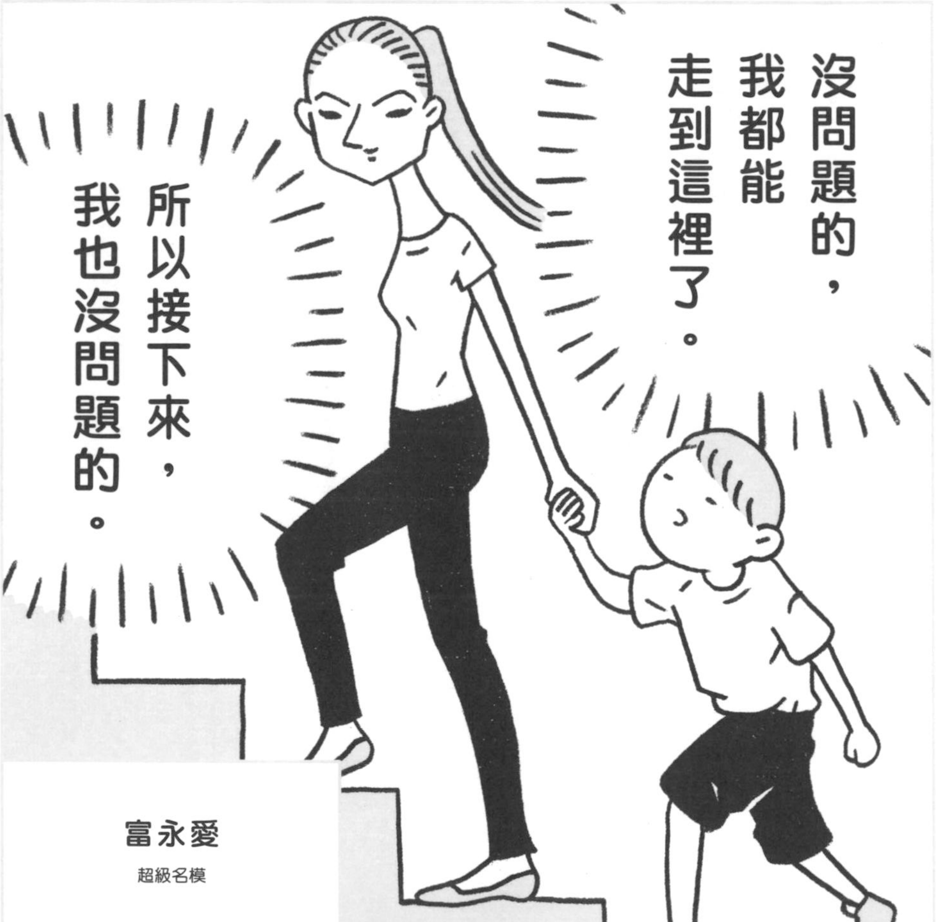
沒問題的，我都能走到這裡了。
所以接下來，我也沒問題的。

富永愛

超級名模

這位偉人

超越了由慘烈的霸凌、孤獨、自卑感所組成的自己

富永愛

超級名模，1982年出生於日本神奈川縣。家中共有姊妹三人，排行老二。育有一子

富永愛身高達179公分，擁有九頭身的頂尖高挑身材，現為活躍的世界名模。小時候的她長得高挑又醒目，小學時就被笑做是「外星人」，成為小朋友的霸凌對象。父母親在她很小的時候就離婚，而媽媽總是在工作，留她自己在家，所以她每天總是一個人跑到住家的後山看昆蟲。她善用身高的優勢，15歲時便被時尚雜誌《讀者MODEL》錄取。上了國、高中以後，她依舊持續遭到霸凌，一個知心好友都沒有，過著孤獨的校園生活。她在18歲時參加了紐約時裝週，全心全意投入，決定要讓欺負她的人都跌破眼鏡！那裡是個繁華又嚴苛的世界，而且還有對於亞洲人的歧視與差別待遇在等待著她。「我不甘心！我絕對要成為頂尖名模給你們看！」她非常地努力，甚至受到世界知名的時裝品牌Maison Margiela的指名。不同於他人的外表、貧困的家庭、成長過程沒有爸爸，也沒有能夠信任的人，她甚至有過自殺未遂的經驗，童年悽慘無比。曾經由自卑感所組成的那個自己，現今已活躍於全球，富永愛深深覺得，人類擁有能將一切都化為生存力量的能力，因為有那段悲慘過往，才會有現在的自己。

再怎麼完美的人，只要明白每個人都會感到自卑，就能活出自己的風格。

泰勒絲，美國歌手（1989-）

有勇氣認可自己的人，才能成為真正的強者。

阿爾弗雷德·阿德勒，奧地利精神科醫師（1870-1937）

沒有你的同意，任誰都無法讓你感到自卑。

愛蓮娜·羅斯福，美國婦女運動家（1884-1962）

不同於他人，被當成怪咖

中邑賢龍
大學教授

這位偉人

希望打破為了迎合社會而改變個人的教育，為此而奮鬥努力的「異才」發掘教授

中邑賢龍

大學教授，
1965年出生於日本山口縣。
興趣是蒐集

有些孩子會因為被說：「你跟其他人不一樣，是個怪咖。」而拒絕上學；有些孩子則是因為有學習障礙，導致他們雖有天賦卻靜不下心學習，而「異才發掘計畫」正是為這些孩童提供一個容身之處的計畫。統籌這項計畫的中邑賢龍教授本身也是個喜歡一直觀察蝴蝶的生殖器，或是蒐集各式各樣物品的人。只要一抓到昆蟲，他就會興奮地觀察有沒有新品種。就算其他小朋友找他去玩耍，他也總是拒絕，是個相當特立獨行的孩子，不過父母親也沒有特別表示什麼，所以他的成長過程其實過得相當自由自在。大學修讀心理學以後，他為了一位因為無法開口說話的壓力造成胃痛的身心障礙者開發了一款遊戲。這款遊戲只要發出聲音就可以操控，據說玩了之後能消除胃痛。他瞭解人們唯有進行溝通，了解彼此內心的意思，才能處於對等的狀態，因此他朝著人類輔助技術的道路前進。有些孩子可能因為被拿來與他人比較，或因為老師或大人無情的話語，而失去本身的才華與個性。在他教導過的學生之中，也有人抱著挫敗的心死去。「老師，請你不要教出像我這樣的大人。」他對於將這些孩子逼上絕路的教育感到相當憤怒，而這份怒氣則成了他的動力。

就算是被貼上「沒用」標籤的人，在不同的情況之下，也一樣能夠被賦予任務。我認為所謂動物，所謂人類，都是這樣被創造出來的。

楳圖一雄，漫畫家（1936-）

就算別人說了些什麼，你也沒必要為此心慌意亂。

阿姜查，泰國宗教家（1918-1992）

就算全世界都拋棄了你，你還有你自己。

讓・季奧諾，法國作家（1895-1970）

成為大人的那一刻

為什麼要離這麼遠呢？

被其他人看到我跟媽媽走在一起的話會很丟臉
是喔

要看一個人是不是已經從小孩子成為大人，取決於他對於父母的情感表達方式。

北野武
（拍子武）

漫才師、電影導演

這位偉人

對於父母的強烈情感糾葛，最後化為感謝，這就是所謂的長大

北野武（拍子武）

漫才師、電影導演、作家，1947年出生於日本東京都。在家排行老么，上頭有4位兄弟姊妹

北野武的父親是個貧窮的油漆工人，而母親為了貼補家計，總是在兼差掙錢。父親的個性害羞又膽小，要是沒有喝酒壯膽，甚至不敢跟人講話，但身為油漆工的他擁有一流的技術，也不遲到，以自己的工作為榮。但是，父親一賺到錢就會拿去買酒喝，所以總是有人上門討債。嚴格的母親有著強烈的信念，認為「要斬斷貧困的鎖鏈，就只有讀書一途」，所以她在小孩子的課業教育上不遺餘力。她不買玩具給孩子，但會幫孩子買參考書，並讓孩子去上補習班，就連讓孩子上大學的資金也都準備好了。另一方面，就讀大學的北野武對未來並沒有目標，於是他便瞞著父母休學。原本他打算成為一名成功的搞笑藝人，在社會上揚名，藉此贏得與母親之間的抗爭，然而母親過世後，他翻開已成為母親遺物的存摺本，愕然失色。原來，母親將至今以來向兒子索取的零用錢全部都存起來了，這是常常把「搞笑藝人也不可能一輩子都大紅大紫」掛在嘴邊的母親對孩子深深的愛。他也能想起那個目不識丁、連國字都不會寫，還總是喝得醉醺醺的父親所露出的笑容了。這時他覺得自己終於真正的成熟了。

父母就是孩子用來磨牙的骨頭。

彼德．烏斯蒂諾夫，英國演員、小說家（1921-2004）

所謂長大，就是不再怪罪父母。

馬雅．安傑洛，美國詩人、作家（1928-2014）

為人父母，絕不能忘了自己是在代為照顧這宇宙的寶貴生命幼苗。

野上彌生子，作家（1885-1985）

靜不下來
也不要緊
遠離那些會讓你的偉大夢想枯萎的人。
馬克・吐溫
作家

這位偉人

滿肚子好奇的少年
沒有被環境所摧毀，
日後成為偉大的作家

馬克・吐溫

作家，出生於美國密蘇里州，1835-1910。父親為法官。是家裡的第4個男孩，共有5位兄弟姊妹

《湯姆歷險記》的作者馬克・吐溫，是個不論想到什麼事都要去嘗試的孩子，要是他不試著去做，就會覺得渾身不對勁。例如：他會偷偷跑到感染了麻疹的朋友房間裡，對著他說：「我跟你一起死吧。」然後就鑽進了朋友的被窩。當時沒有疫苗，幾乎每天都有小孩子因為染上麻疹而死去。即使如此，他還是敵不過自己的好奇心，想知道自己究竟會不會染上麻疹。不出所料，他果然也染上了麻疹，在鬼門關前走了一遭。在那之後，不論周圍的人說什麼，他更加地堅持要去嘗試自己想做的任何事情。母親看見這樣的他，認為應該要讓這孩子早一點出社會，學習各種經驗才好，於是便在馬克13歲時讓他休學，並在她哥哥經營的印刷工廠幫馬克找了一份印刷學徒的工作。馬克在那裡學習大量的文字及文章。

後來的他一邊在美國各地漂泊，一邊輾轉地做各種工作，做過輪船領航員，也做過礦山的礦工等等。之後他進入報社，成為了記者，累積經驗以後，他發表了小說。當年那個好奇心滿滿的少年，就這樣成為了一名使全世界都為之著迷的小說家。

行動與人不同就會被當成傻子，挑戰新事物就會被人嘲笑。但是，讓這世界更加進步的人，一直都是這些傻瓜。

吉藤健太朗，實業家、機器人開發者（1987-）

幸福來自於好奇心。

齋藤茂太，精神科醫師（1916-2006）

跟隨你內心的那個怪胎！

茂木健一郎，腦科學家（1962-）

體驗過孤獨，所以才辦得到

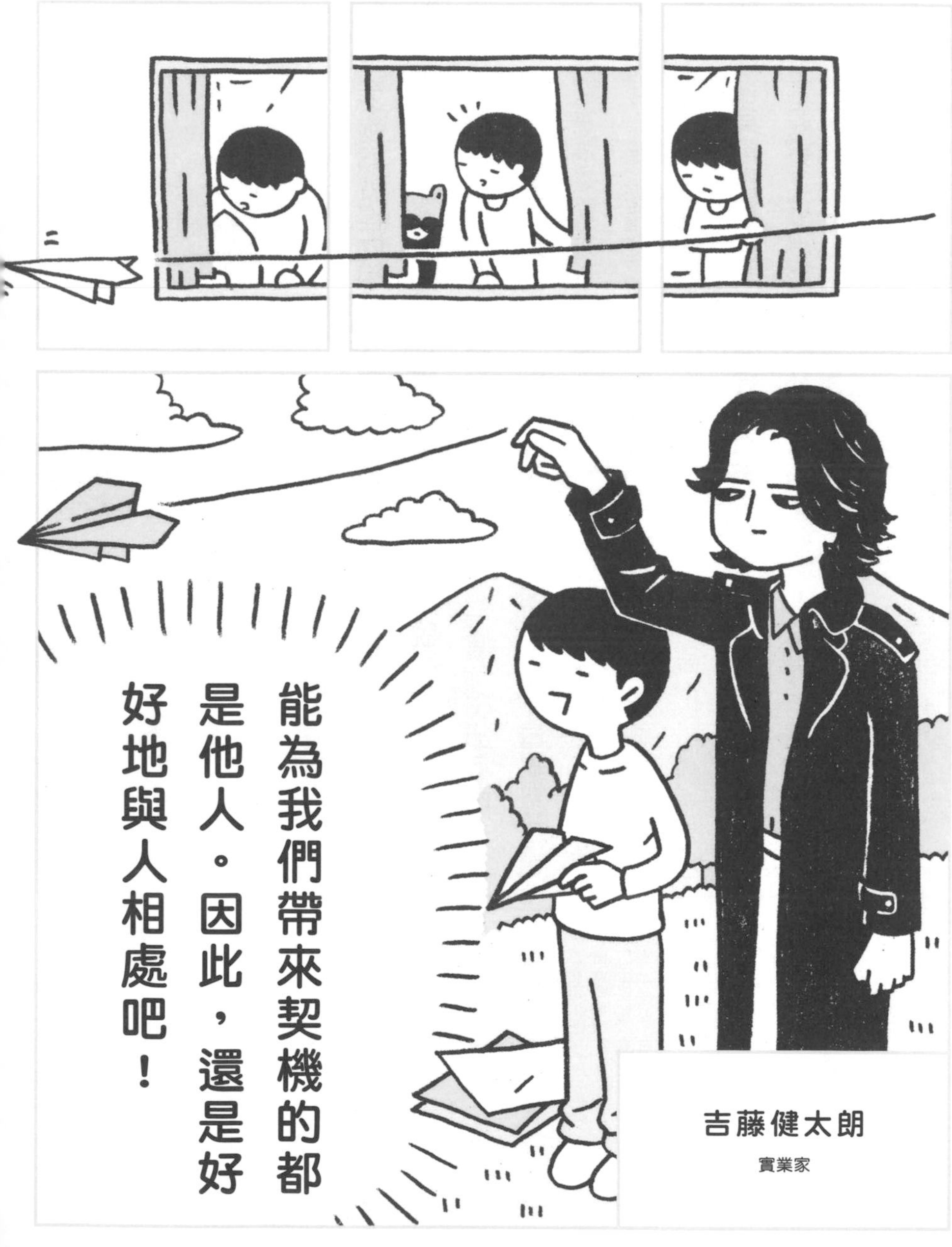
能為我們帶來契機的都是他人。因此，還是好好地與人相處吧！
吉藤健太朗
實業家

這位偉人

徹底體會過孤獨的感受後，才懂得人與人之間聯繫的重要性

吉藤健太朗

實業家，1987年出生於日本奈良縣，股份有限公司ORI研究所代表

有一部分的人由於各種不同的原因，無法親自出現在某些場所，而OriHime正是為了這些人所開發的分身機器人。開發者吉藤健太朗自小學5年級到國中，有3年半的時間都不去學校上課。他身體不好，必須住院治療，三天兩頭就得向學校請假，於是他開始拒絕上學。而他的父母親也不勉強他一定要去上學，讓他如釋重負。某一次，母親說：「你一定可以做出機器人的。」於是他決定去參加機器人製作大賽，並且漂亮地獲得優勝。後來他進入一間有師傅指導製作工藝品的高中，碰巧在一次擔任志工時製作了電動輪椅而受到關注。他心想：「我能不能為那些患有身心障礙，並與社會隔絕的人解決問題呢？」在他希望能將自己孤獨的經驗發揮在開發人工智能以及機器人的過程中，他發現了一件事，那就是「讓這些人回歸社會，對他們而言才是真正的治癒」。身患重症的病人、生病的孩童只要將OriHime機器人放在工作場所或學校，就能夠透過機器人與在場的人進行對話。他的一位長期臥病在床、年僅28歲便逝世的前員工說過：「正因為這一副身軀，我才希望留下我曾經活過的證據。」而這一句話一直支持著吉藤健太朗。

「自己的不足之處」是我們在建立人際關係時最珍貴的事物。

植村努，技術人員、實業家（1966-）

自己的歸屬之處要自己創造。

史蒂芬・賈伯斯，美國蘋果公司創始人（1955-2011）

築起圍牆的不是對方，而是你自己。

亞里斯多德，古希臘哲學家（西元前384-322）

不厲害也沒關係

小友書念得不好
運動神經也很差
說話很笨嘴拙舌
一點也不有趣
又容易忘東忘西
而且每天都在打瞌睡
但是，大家都很喜歡他
得以倖存的物種
既不是最強大的，
也不是最聰明的，
而是最能適應變化的。

查爾斯・達爾文

自然科學家

這位偉人

小時候被叫做「沒精神的孩子」，長大後成為偉大科學家

查爾斯・達爾文

自然科學家，出生於英國，1809-1882。父親為醫師、投資家。為家中次子，有5位兄弟姊妹

提出生物進化論的達爾文是一名偉大的生物學者，小時候的他總是呆呆笨笨的，學校的老師甚至說他是個「pococurante（沒有精神、沒有熱情的孩子）」，就連朋友也會把他當成笨蛋一樣戲弄。據說，有一次其他人騙他：「像這樣甩動帽子的話，不用付錢就可以得到糖果喔。」他真的照著做，結果被老闆臭罵一頓。達爾文在學業方面也是完全不行，總是讓身為優秀醫師的祖父以及父親嘆氣不已。不過，他非常喜歡蒐集昆蟲、花草及石頭，也很喜歡閱讀科學相關的書籍，並且自己找尋資料、動腦思考。他為了成為醫師而上大學讀書，卻總是翹課在研究動植物。父親認為既然當不成醫生，那就改當一名牧師，於是他在父親的命令之下到另一所大學就讀，然而他仍然再次一頭栽進植物的研究。

後來，他向父親表示有人告訴他能夠搭乘考察船去進行動植物考查，無論如何他一定要參加。父親拗不過他這份熱情，最後同意他搭船出航。回國的第23年，達爾文發表《物種起源》，震驚全世界。因為喜歡而一直持續下去的嗜好，終於開花結果了。

每一年的我們都會變成不一樣的自己。我不認為有人能夠一輩子不改變。

史蒂芬・史匹柏，美國電影導演（1946-）

你自己就是你的世界。用你的生存之道，讓你的世界要有多好就有多好。

路德維希・維根斯坦，奧地利哲學家（1889-1951）

做你自己，因為這世界推崇原創性。

英格麗・褒曼，瑞典女演員（1915-1982）

個性不服輸

悲觀主義者在每個機會裡看到困難；樂觀主義者在每個困難裡看到機會。

國語這科考差了……怎麼辦……
讚啦！說不定我有國語的天分

溫斯頓．邱吉爾

政治家

這位偉人

成績差又愛偷懶，還被人欺負的男孩，之所以能成為偉大政治家的理由

溫斯頓・邱吉爾

政治家、作家，出生於英國，
1874-1965。父親為英國貴族，
生於政治家名門世家

邱吉爾是英國史上最著名、最厲害的政治家，這樣的他實際上卻有個悲慘又孤獨的童年。他出生在富裕的家庭，父母親從早到晚都忙著政治及社交，他由保母照顧、撫養，卻仍對父母親有著強烈的孺慕之情，甚至在8歲進入寄宿學校以後，還寫了好幾封信給父母親，希望他們能夠來探望他。他並不憎恨從未對他的思念給予回應的父母親，反而很尊敬身為財政大臣的父親，並以父親為榮。另一方面，邱吉爾在學校的成績總是落於人後，還是個懶惰鬼，運動神經也不好，所以曾被人欺負、霸凌。是不服輸的心以及自尊心支持著這樣的他。後來在父親的推薦之下，他挑戰了3次終於考進軍事學院。入伍沒多久，他就對政治感到興趣，一頭栽進讀書的世界。在他前往戰地的那段時間，他要負責將戰況回傳給報社，因此逐漸鍛鍊出寫作能力。

後來他在南非遭到俘虜，成功逃脫後一舉成名，開始前進政界。他留下數篇著名的文章以及演講，擁有獲得諾貝爾文學獎的文才，據說這都是他在學校的末段班所磨練出來的，當時他努力地貫徹學習國語（英語），而不是外語。

人類令人驚嘆的特質之一，就是「反敗為勝」的能力。

戴爾・卡內基，美國著述家（1888-1955）

不要逃避，要愉快地去面對。這就是我的座右銘。

岡本太郎，雕刻家（1911-1996）

你對自己暗示了嗎？只要你不認為「自己有才華」、「很優秀」，你就不可能做得到。

矢澤永吉，歌手、音樂家（1949-）

不受閒言閒語的影響

她自己一個人在讀書耶
真是資優生啊～
大概把我們當成笨蛋吧

即使遭人輕蔑，受人侮辱，我也不會因此而遷怒他人。
福澤諭吉
教育家

這位  偉人

即使受人嫉妒，被人找碴，他都無視這一切，一心朝著學問的方向邁進

福澤諭吉

教育家、蘭學研究者，
出生於日本中津藩※，1835-1901。
父親為儒學研究者

慶應義塾大學的創始人福澤諭吉出生於下級武士的家庭，從小就是個學業優秀的孩子。他在學業方面不斷地進步，被稱為中津藩第一。當時為德川幕府所統治的封建時代，其他人總是在背後說他壞話，批評他：「明明只是個下級武士，還這樣……」常常對他雞蛋裡挑骨頭。當時在藩裡工作的兄長看不慣這樣的情況，便建議他到長崎念書。福澤諭吉在長崎念書時拚命地學習荷蘭語，也學會了操縱槍炮等等的炮火技術。只是，在那裡同樣又出現了讓他感到不愉快的人，那個人即是中津藩家老（日本武家家臣團最高的職位）的兒子。他見不得地位比他低的諭吉如此優秀，於是散發假消息，謊稱諭吉的母親病重，想方設法讓諭吉滾回家鄉。諭吉雖然明白實情，依然默默地離開了長崎。他的名言「上天既不造人上之人，也不造人下之人」正是出自於這份經驗，這句話意指我們應該認可他人的能力，無關其階級高低。最後，福澤諭吉並沒有回到中津，而是前往大阪，在一位大名鼎鼎的西洋醫師門下拜師學藝，重新鑽研學問。當時發生的那件事，使福澤諭吉的人生有了更加不同的發展。

我也必須感謝我的敵人才行。他們意圖使我失望的所作所為，反而帶給我力量，使我做完這項工作。

喬莫．肯亞塔，肯亞政治家（1893-1978）

即使都遇到糟糕的事，我到現在仍然相信人性本善。

安妮．法蘭克，德國作家（1929-1945）

最好的復仇方式，就是自己不做同樣的事。

奧理略，古羅馬帝國皇帝（121-180）

※日本江戶時代的行政區劃。

小故事1

送給喜歡獨處、不善結伴的你

沒有朋友，也不擅長團體行動的你，在學校卻必須與他人一同團體行動，不管是上課，還是分組研究、團康活動等等，都是如此。要是不能習慣這樣的生活，就會被貼上「不合群」的標籤。沒有好朋友的人，也會被同班同學說是「孤僻」的人，受人欺負捉弄。要是有人落單、沒有同伴，就會被認為是不是有什麼人格上的缺陷。

有個人對於這樣的傾向敲響警鐘，他就是日本電視藝人塔摩利。「差不多該讓這種沒有朋友就要感到羞恥的風潮終結才行。」他這麼說，「我們的教育都教人一定要結交許多朋友，真的很弔詭。」

塔摩利的個性從小就很老成，再加上家庭環境複雜，讓他成為一個相當特異獨行的孩子。在參觀幼兒園時，他看見一邊揮手一邊唱著兒歌「閃亮亮的太陽下山囉～♪」的園童，就拒絕去上幼兒園，告訴大人：「我絕對不要這樣做！」據說一直到上小學之前，他都站在斜坡道上，專心地觀察著來來往往的人。

小學3年級時，塔摩利因為意外而導致右眼失明。雖然如此，他也沒因此鬱鬱寡歡，還是會去打棒球、寫話劇的劇本……一回到家裡頭，他便開心地一邊跟著祖母學習，一邊專心努力地做菜，還會到跑到港口，呆呆地看著他最喜歡的船，也會在大馬路上觀察其他人，過著我行我素的生活。他相當熱衷在自己覺得有趣的事物上，並不在意別人是如何看待自己。

讀大學時選擇中途退學，並從推銷員一路到以電視藝人塔摩利出道的這段過往，是塔摩利很有名的一段經歷。因為他遇見了許多人，而被發掘出他與生俱來的才華，以及獨自一人時所累積下來的「搞笑」底子，如今的塔摩利已是演藝界的泰斗。現在的他依舊表示：「我的朋友很少。就說我真的沒什麼朋友啊。」還有「我超討厭那首歌的啊。上小學之後，老師還問：『你能交到100個朋友嗎？』我才不要用這種事來決定人生。」

比起為了有沒有朋友而感到煩惱，我更希望你們都試著去做到一件事，那就是覺得自己身為自己真好。不管做什麼都好，試著去做自己喜歡的事情、覺得有興趣的事。這樣一來，你的世界一定會往不一樣的方向變得更加遼闊。

第 2 章

若你希望熱情地活著

你喜歡的事物是什麼？

現在放棄的話，不是太可惜了嗎？
畢竟從小就一直在學…
我也喜歡鋼琴，
不過現在鋼琴已經不是我的最愛了
隨心所欲地活著就好了。
因為這是你的人生。

約翰・藍儂

音樂家、前披頭四樂團成員

這位偉人

靠著閱讀排遣孤獨感，在遇見音樂以後，人生開始轉動

約翰．藍儂

音樂家，出生於英國利物浦，
1940-1980

約翰．藍儂是英國的傳奇搖滾樂團——披頭四的成員。身為船員的父親總是不在家，母親又要工作，因此藍儂是由阿姨與姨丈照顧、扶養。他的父親雖然在他5歲時回來，而他的母親卻早已與別人一起生活，因此他與父親再也沒聯絡。其他的小朋友都是住在自己的家裡，跟父母親一起開開心心地生活，所以每當生日或聖誕節時，他都感到格外孤獨。孤單的藍儂從4歲起便開始由姨丈教導讀寫，姨丈每晚都會用報紙當作讀寫教材，一字一句地教導藍儂怎麼念，並教他寫下念過的文句。

當他學會文字以後，便沉醉在書本的世界之中。他對於其他玩具毫無興趣，反而能把世界短篇名著集重複讀過好幾遍，他甚至已經將《愛麗絲夢遊仙境》讀到能夠默背出內容，而他最景仰的作家就是法國的巴爾札克。除此之外，他也相當沉迷於文字遊戲。

藍儂在學校的成績同樣很優異，直到有一天母親送他一把吉他作為禮物，讓他一頭栽進音樂的世界。他終於找到「這才是自己真正想做的事」。後來，藍儂曾說過，小時候大量接觸的報紙、書籍，都在他創作詩的時候幫了不少忙。

請走你自己的路。別人愛怎麼說，就隨他們說。

卡爾．馬克思，英國哲學家（1818-1883）

在你覺得不安的那段期間，就會活得不像你自己。更重要的是在自己喜歡的道路上前進。

平尾誠二，橄欖球選手（1963-2016）

喜歡的事情就算拚了命去做也不會覺得累。享受著喜歡的事，就能在不知不覺之間有所收穫。所以，我希望你們都能找到自己喜歡的事，然後一輩子都去做。

柳瀨嵩，漫畫家（1919-2013）

無關性別

你為什麼是穿褲子，不是穿裙子呢？
沒有為什麼，就只是比較喜歡穿褲子而已

人生中最重要的，就是隨時都要有顆充實而滿足的心。

新島八重

教育家

我怎麼覺得
她看起來挺帥氣的

這位偉人

即使因為「不像個女生」而遭受非議，仍然活出自我的女中豪傑

新島八重

教育家、護理師，
出生於日本會津藩，1845-1932，
炮術師傅之女

新島八重被稱為幕末的聖女貞德。明治元年，屬於舊幕府軍的會津城遭到反德川幕府的新政府軍包圍，當時會津城的年輕士兵死傷慘重，只剩下老兵、童兵。當婦女都用布條束起和服的長袖，手握著長矛躲進城內時，只有她剪掉頭髮並穿上男人的和服，帶著槍炮與男丁壯士一同奮戰。身為炮術師傅之女的八重，從小就對於女孩子只能學習裁縫或料理的教育抱持疑問。她的父親及兄長理解她的心情，所以也教導她學問，並讓她學習炮術。她的母親是位能夠獨立思考並做出判斷的女性，受到母親的影響，八重也有自己的想法，養成有話直說的個性。當會津藩在會津戰爭中全面投降以後，八重的家人不得不過起困苦的生活，後來搬到了京都。她設立同志社女子大學，以護理師的身分與日本紅十字會正式成員的身分大為活躍。即使別人在背後議論她「沒個女人樣」，她還是貫徹自己的風格，走過那個動盪的時代。同志社大學的創始人新島襄即是她的丈夫，他在寫給友人的信中寫道：「她的生存之道很帥氣。」

正大光明地去面對那些針對你的煽動、謊言或是中傷等等。光明磊落而沉穩的態度，才是唯一能夠對付它們的武器。

亨利克・約翰・易卜生，
挪威劇作家
（1828-1906）

我們在行動之前也許會受到攻擊。即使如此仍然行動，那就是真正的勇氣。

哈波・李，
美國小說家
（1926-2016）

別想著要得到別人的認可，而是要貫徹你自己。要是做不到這點的話，你就不可能找到賭上自己也要做的事。

岡本太郎，
雕刻家、藝術家
（1911-1996）

心的自由無限大

村山聖

將棋棋士

這位偉人

將熱情全部投注在將棋，燃燒自己有限的生命的棋士

村山聖

將棋棋士，出生於廣島縣。
1969-1998，家中次子，
有2位兄弟姊妹

村山聖是一位天才棋士，人稱「東羽生、西村山」。他在5歲時罹患一種名為腎病症候群的重病，開始過起住院的生活。不能到學校上課，只能靜靜地待在床上生活，對於個性活潑的他而言，可說是一種折磨。父親為了讓他消遣、解悶，於是開始教導他下將棋。他被將棋的魅力深深吸引，後來更靠著自學增強自己的棋藝。同時，罹患癲癇所造成的不穩定精神狀態也逐漸穩定下來，他也開始覺得自己不自由的生活其實有利於學習將棋。不久，他的心中萌發了「成為名人（男性職業棋士的七大頭銜之一）」的夢想。當身體狀況不錯的時候，他就會到外面與其他人對弈，轉眼之間，他在廣島已磨練出無人可敵的棋藝。升上中學之後，他表示：「如果我想要打敗已是名人候補的谷川浩司，就只有現在了。」以此說服了周圍的反對聲浪，在一名將棋大師門下拜師學藝。靠著不服輸的衝勁以及努力，他屢屢獲勝，後來成為職業棋士，並進入順位戰A級。然而就在這時，他因膀胱癌發作，年僅29歲便離世。原本其他人以為尚未獲得任何頭銜的他將抱著遺憾死去，而他卻說：「生病使我的將棋更加強大，就某種意義而言，它已經豐富了我的生命。」

熱愛你們的使命吧。沒有比這更美的事情了。

奧古斯特・羅丹，
法國雕刻家
（1840-1917）

人生不只是被生出來，必須主動去生存、去活著。

中村天風，
實業家、思想家
（1876-1968）

在我生病或是情緒低落時，我依舊愛著我的人生。

阿圖爾・魯賓斯坦，
美國鋼琴演奏家
（1887-1982）

坦率地做自己想做的事

英格麗・褒曼
電影演員
請鍛鍊你的直覺，相信你內心的微弱聲音。它會告訴我們應該怎麼做才好。
我、也可以一起嗎？

這位偉人

從小就喜歡演戲，在自己喜愛的領域中獲得成功

英格麗・褒曼

電影演員，出生於瑞典，
1915-1982。
父親為藝術家、攝影師

英格麗・褒曼曾擔任《北非諜影》、《戰地鐘聲》等多部電影的主演，是一位名氣響亮的頂尖好萊塢女星，她在舞台劇方面也相當地活躍。英格麗的母親在她3歲時便過世，因此她由父親扶養長大。從小，她就很喜歡玩變裝遊戲，父親看到頭上戴著奇怪的帽子，嘴巴叼著菸斗，戴上眼鏡的她，還會高興地幫著她一起打扮。身為攝影師的父親甚至也會興沖沖地拍下她變裝後的搞笑模樣。據說那時候，英格麗已經在鏡子前扮演過一隻大熊、老婆婆、公主等各種角色。在還沒學會讀書認字之前，她就已經開始在玩扮演遊戲，所以英格麗非常會動腦思考應該如何呈現出扮演的角色。在她11歲的時候，父親第一次帶她去劇場看表演。她看見舞台上的表演之後非常驚訝，因為大人在舞台上做的事情，就跟她自己在家裡做的事情是一樣的！而且，他們還可以賺錢！她大叫著：「爸爸！就是這個。這就是我以後要做的事情！」後來，她毫不猶豫地走上成為演員的人生。

你的現實取決於你專注的焦點。

喬治・盧卡斯，美國電影導演（1944-）

你所期待的一切早已存在於你的心中。奇蹟正在等待著你。

喬・維托，美國實業家、著述家（1953-）

你現在所播下的種子，不久後將會發芽，成為你的未來。

夏目漱石，作家（1867-1916）

不明白生存的意義

想要活得有意義，就要先從徹底珍惜自己做起。

日野原重明

醫師

這位偉人

朝著更貼近病患的醫療方向，推動醫院改革的醫者

日野原重明

醫師、醫學者，出生於日本山口縣，
1911-2017。父親為牧師。
為家中次子，有5位兄弟姊妹

日野原重明是一位直到105歲仍以現役醫生的身分活躍於醫療前線，以及發表演講的醫師。他的父親是一名牧師，一家過著簡單樸素的生活，然而就在他10歲的時候，心愛的母親卻病倒了。他很擔心病情嚴重的母親，主治醫生便對他說：「你放心，沒問題的。」並且全力為他的母親治療，成功救回母親。當時，他便下定決心將來要成為一名醫生。他不顧一切地磨練自己的醫術，後來卻在某次搭機時遇上劫機事件。成功獲救之後，更是下定決心要朝著更加重視病人的醫療方向前進。他建立了日本首度的「全身健康檢查」，除此之外，他在能使治療無望的病患安穩地迎接生命終點的「安寧緩和醫療」方面也傾注莫大的心力，並且成立了日本第一間安寧病房（安寧療護醫院）。之所以成立安寧病房，是因為他仍忘不了某一位少女。當時，才剛當上醫生的他替一名愈來愈虛弱的少女持續注射能使心臟跳動的針劑，讓她一直撐到母親前來醫院為止。他察覺到，是當時那名少女痛苦以致扭曲變形的容顏，告訴了他身為醫生的行醫之道。

隨時都要讓自己保持乾淨明亮，因為我們正是透過名為自己的這扇窗去觀看這世界。

蕭伯納，愛爾蘭劇作家（1856-1950）

所謂英雄，是盡己所能之人。

羅曼．羅蘭，法國作家（1866-1944）

人在快樂的時候就能做最棒的工作。

比利．懷德，美國電影導演（1906-2002）

從痛苦之中學習

臭大貴，趕快搬走啦！
不用你說我也會做！
再也不見！
照片如同文字一樣，會將你想說的話，傳遞到對方的心中。
尤金・史密斯
攝影師

這位偉人

用照片捕捉弱勢者的心情，對全世界發聲的攝影師

尤金・史密斯

攝影師，
出生於美國堪薩斯州，1918-1978。
身為糧商的父親破產後自殺

尤金・史密斯是一名報導攝影師，他用相機拍下了水俣病的真實情況，向全世界傾訴其悲痛與殘酷。他從年輕開始就站在戰爭的最前線，將成為戰爭犧牲品的平民百姓的嘆息與悲傷，以及打仗士兵的苦惱身影，用照片寫實地記錄下來並且發表。某一天，他得知日本的熊本縣水俣市有許多人都受到水俣病的折磨。水俣病是由於工廠排放至大海的汙水中含有毒性強烈的水銀（金屬之一），導致食用該片海域漁獲的人都出現神經方面的障礙。尤金搬到了水俣市，用相機拍下水俣病患的真實情況。母親照顧四肢無力而臥病在床的孩子，年輕夫婦照顧著變成智能障礙者的父母親……。一直以來都健健康康地過著幸福快樂生活的人，卻在一夕之間遭逢殘酷至極的現實。他用無數張照片捕捉了這樣的景象，並且發表這些照片。於是，全日本都知道了水俣病，並且發起反對工廠運動，他也參與這些抗爭運動，與受害者家屬一同奮戰。他在與工廠方進行集體協商時遭受暴力攻擊而身負重傷，在那之後，他說：「我現在能夠感同身受那些患者的憤怒、痛苦與不甘心。」

毫髮無傷的自己要捍衛正義，是一件非常困難的事。

柳瀨嵩，
漫畫家
（1919-2013）

當我們選擇對於重要的事緘默不語時，我們的生命便開始走向終點。

馬丁・路德・金恩，
美國民權運動者
（1929-1968）

即使正義被人踐踏在腳底下，邪惡也絕對不可能獲勝。

海倫・凱勒，
美國社會福祉活動家
（1880-1968）

送給覺得讀書很無趣的你

只會死讀書的書呆子真的很土耶
我倒是覺得認真讀書的樣子很帥氣呢
是、是這樣嗎？
比起學習環境，只要擁有學習的意志就夠了。

津田梅子

教育家

這位偉人

將自己的一生奉獻給日本婦女教育的教育家

津田梅子

教育家，津田塾大學創始人，
出生於日本東京都，1864-1929。
父親為舊幕臣、北海道開拓使囑託
（約聘人員）。為家中次女

在日本1871年出使美國的岩倉使節團中，有一位女孩是所有成員之中年紀最小的，她就是當時6歲的津田梅子。在日本政府擬定的方針下，這些使節團的成員將於美國人的家庭暫居10年，並接受教育。她的父親擁有海外留學的經驗，也希望讓女兒學習西方進步的文化及學問，因此才讓她前往美國留學。她在一對美國夫婦的疼愛之下長大成人，並以優秀的學業成績從高中畢業。回到日本之後，她聽聞自己留學的鉅額費用是由人民的稅金支付，於是下定決心「要拚命地工作以報答國家的這份恩情」。然而，日本並沒有適合她的工作，她也幾乎將日語忘個精光，為此吃了不少苦頭。此外，她深刻地體悟到日本女性的地位卑微，女性若要獨立自主，就絕不能少了高等教育。於是她再度前往海外留學，接受高等的知識教育，希望自己未來建立一所學校，以回報國家的恩情。後來她為了募集資金到處奔走，並創設了女子英學塾。創校初期的人數不多，透過嚴格且因材施教的教育方式，使該校順利地發展起來，成為了一所女性人才輩出的學校。臨終之前，她在寄出的校友會會報中寫道：「看見在世界各地活躍發展的妳們，我感到無比地欣慰。」

一位孩童、一名教師、一本書、一枝筆，如此便能改變世界。教育才是唯一的解決方案。

馬拉拉．優素福扎伊，
巴基斯坦人權鬥士
（1997-）

教育是通往未來的護照。明天是屬於今天做好準備的人。

麥爾坎．X，
美國民權運動家
（1925-1965）

要是不讓人們受教育，他們就會輕易地被操縱。

比利，
巴西足球員
（1940-）

「熱衷」會讓你更加耀眼

人見絹枝

田徑運動員

這位　偉人

一心一意地奔跑，開拓日本女性的運動之路

人見絹枝

田徑運動員，
報社記者，出生於日本岡山縣，
1907 - 1931

在那個時代，幾乎所有女性都穿著和服，而且世人都認為露出四肢參加運動競賽的女性不知羞恥。在差別待遇如此嚴重的時代裡，有個人以女性的身分在奧運會上首度獲得銀牌，她就是人見絹枝。在大自然之中恣意奔跑、成長的她，學業成績也相當優秀，並進入高等女學校就讀，而她就在那裡遇見了網球，運動神經發達的她過沒多久就在縣級比賽中獲得優勝。某天，學校的老師注意到在球場上跑步的絹枝，決定讓她參加田徑比賽。結果，她一舉創下了日本國內的跳遠紀錄。畢業以後的她原本打算成為一名國語老師，但在老師熱心推薦之下，最後她決定前往東京，進入體操塾（體育大學）。她在學校裡熬過了嚴苛的訓練，並創下三級跳遠的世界紀錄。大學畢業以後，她一邊擔任報社記者，一邊參加田徑比賽，終於獲得奧運會的參賽資格。雖然她在100公尺短跑當中僅獲得第4名，卻在800公尺賽跑漂亮地奪下獎牌。為了發表演說以及進行指導，她走遍了全國各地，向世人宣揚體育運動的優點。就在此時，她卻因感染肺炎而於24歲早逝。據說，她總是將「往後還必須繼續栽培選手！」掛在嘴邊。

當這個社會都在暗示我們「做人應有的樣子」時，選擇一條與此南轅北轍的道路是一件卓越非凡的事。

拉爾夫・沃爾多・愛默生，美國思想家（1803-1882）

我深信這世界上絕對沒有不抱持熱情就能達成的偉大成就。

格奧爾格・威廉・弗里德里希・黑格爾，德國哲學家（1770-1831）

人生的意義不在於完成了什麼，而在於為了做什麼而熱血沸騰。

紀伯倫・哈利勒・紀伯倫，黎巴嫩詩人（1883-1931）

堅持不懈就是力量

第五中學馬拉松大賽

一個又一個串連起來，那就是累積！如此，就會有了不得的成就。
杉田玄白
醫學者
這是你每天累積的成果

這位偉人

重視不起眼的小事，
一步一步地走著，
最終開花結果

杉田玄白

醫學者、蘭學研究者，
生長於小濱藩，1733-1817，
醫者世家第3代傳人

杉田玄白在江戶時代與其他人合作，將荷蘭的解剖書籍《解體新書》翻譯成日文。他生於醫者世家，7歲時從江戶遷居至小濱藩（福井縣），在那裡遇見了對他的人生產生重大影響的「大師」，像是馬夫半助老爺爺。半助老爺爺既不能站，也無法行走，但只要騎上馬背，就能瞬間駕馭脾氣桀傲不遜的馬兒。除此之外，他還遇見不用工具就能準確地將布料裁好尺寸的裁縫店老闆、眼盲卻能替人施針的針灸師等等。

他的心中充滿著對這些人的敬佩之意，他認為：「一個人長久以來都能孜孜不倦地貫徹著同一件事，真的非常厲害。」後來，走上學醫之路的他得知荷蘭有著詳細的「人體解剖圖」，他相當地讚嘆該解剖圖的精準。他相信「這對於日本的醫學絕對是必要的書籍」，於是決定將它翻譯成日文。他與其他人齊心合力，耗費4年的歲月完成翻譯，並獻給將軍。在翻譯的過程之中，他們遭遇了好幾次的挫敗，但因為心中都希望日本醫學更進步，他們一心一意地專注於翻譯，終於完成這一本書籍。

只要還活著一天，就希望能再往前一步。

湯川秀樹，理論物理學家（1907-1981）

我認為最重要的是累積每個不起眼的一小步。「一步一步，一步一步地……」對著自己的內心這麼說，然後向前邁進。

永瀨忠志，冒險家（1956-）

再怎麼微小的成功，都是歷經過別人看不到的挫折與苦難之路。

安妮．蘇利文，美國教育家（1866-1936）

用愛全力以赴

你好厲害喔！
讀書心得
競賽
最優秀獎
我沒有很厲害啊
什麼？
那你為什麼這麼會寫？

只是因為這本書實在太棒了～
這樣喔
我們的財富就存在我們的頭腦裡。

沃夫岡·阿瑪迪斯·莫札特

音樂家

這位偉人

以絕世罕見的天賦
以及一再的練習，
譜出了流傳於
後世的音樂

沃夫岡・阿瑪迪斯・莫札特

音樂家，
出生於奧地利，1756-1791，
維也納古典樂三大匠之一

莫札特從小生長在音樂圍繞的家庭，他的父親是一名宮廷音樂家。他3歲開始彈奏鋼琴，4歲時能在短時間內記住複雜的樂曲並且演奏，5歲時便能作曲，7歲時開始巡迴展演，12歲時創作歌劇樂曲，享有音樂天才之譽。若只是與生俱來的才華，便能達到如此成就嗎？在音樂的世界中，最重要的其實是記憶力以及模仿力。

莫札特記憶音樂時就跟學習文字一樣，是靠著不停地模仿，直到完美。在歐洲巡迴展演的過程中，有人問他：「這樂曲以及演奏真是太美妙了！你是不是帶著什麼幸運物呢？」而他回答：「是的，我的才能都多虧於學習。」他為了接觸新的音樂而前往義大利、巴黎、倫敦，嘗試去吸收、模仿以及彈奏那些新樂曲。每一天，他都花費許多時間練習，而在這過程之中，他的心中又譜出了新的樂曲。正如莫札特所說：「天才的形成並不是因為有聰明絕頂的智力或者想像力，也不是因為同時擁有這兩個能力。愛、愛、愛，那才是天才的精髓。」正因為他深愛著音樂，才讓他的天賦開花結果。

靈感再怎麼等也不會來，所以我每天早晨都會作曲，這樣神就會賜予我靈感。

彼得・伊里奇・柴可夫斯基，
俄國作曲家
（1840-1893）

論起歌曲，我們每個人到死為止都還是個學生。

瑪麗亞・卡拉絲，
希臘歌劇演唱家
（1923-1977）

光有才華並無法成功。才華是上天所賜，唯有努力方能使有才華的人變成天才。

安娜・巴甫洛娃，
俄羅斯芭蕾女伶
（1881-1931）

丟掉「反正一定不行」的想法！

上高中以後……
交得到女朋友嗎……
……可以的
我們一定行！
先告訴自己「一定行」。方法就是從其中誕生的！
行啦！

圓谷英二

特攝※導演

※全名為特殊攝影，亦指使用大量特技效果的真人電影、電視劇。

這位偉人

獨自一人默默地鑽研並磨練技術，拍出讓全世界都驚嘆的特攝片

圓谷英二

特攝導演、發明家，
生長於日本福島縣，1901-1970。
生於商人之家，3歲喪母，
由祖母養育成人

圓谷英二是《哥吉拉》系列電影、《超人力霸王》系列影集的導演。從小，他就喜歡製作模型，對飛機更是特別有興趣，15歲進入了機師訓練學校。後來，他為了賺大學的學費而到一間玩具工廠工作時，遇到電影公司的人挖角，於是他踏入電影的世界。某一天，他看了美國的電影《金剛》之後感到大為衝擊，那是一部利用特別的攝影技術拍攝而成的電影。他感受到國內的電影與這部電影有著懸殊的等級差異，於是向公司表示想拍攝這樣的電影，公司卻告訴他：「你要是拍得出來的話，你自己去拍。」雖然得到如此冷淡的回應，他還是自己一人埋頭於特攝技術的研究。不久之後爆發了世界大戰，由政府委託民間拍攝的電影《夏威夷大海戰》所用的特攝技術終於獲得周圍的認可。世界大戰結束以後，他為了讓觀眾都能體會到特攝電影的樂趣以及優異之處，而一心一意地投入電影製作。據說，1954年上映的《哥吉拉》在當時約有1千萬人觀看。不久之後，電視的時代來臨，他為孩子們拍攝一部充滿夢想的節目，那就是《超人力霸王》，就算怪獸再怎麼大、再怎麼搞破壞，也絕對不會出現任何流血、殘忍的畫面。

別模仿其他人。去做全新的事情吧。

井深大，
SONY創始人
（1908-1997）

邁向成功不可或缺的是自信；擁有自信不可或缺的是十足的準備。

亞瑟・艾許，
美國前網球選手
（1943-1993）

沒有夢想能力的人，也沒有生存能力。

恩斯特・托勒，
德國劇作家、詩人
（1893-1939）

第 3 章

找到「自我」的方式

如何找到屬於自己的位置

對我而言，最大的勝利
就是我能自在地生活，
以及接受自己與
他人的缺點。

奧黛麗·赫本
電影演員

這位偉人

不迷戀華麗絢爛的世界，選擇更靠近可憐孩童的電影女星

奧黛麗・赫本

演員，英國人，1929-1993，
母親為荷蘭貴族

奧黛麗・赫本是一位以優雅的氣質征服全世界影迷的女星。1989年，幾乎已經退出影壇並在瑞士過著平穩生活的奧黛麗，受邀成為聯合國兒童基金會的國際親善大使。

16歲時，她在荷蘭遇上第二次世界大戰，糧食短缺使她營養不良，體弱多病。當時多虧有聯合國兒童基金會配給的糧食、毛巾、醫藥品、衣物等等，才救了她一命。不曾忘記這份恩情的奧黛麗表示：「只要是我能做的，我都願意去做。」於是爽快接下了親善大使的工作。她遍訪因內戰、飢荒、乾旱等造成人民生活困苦的國家，例如衣索比亞、蘇丹等國。奧黛麗對著當地的嬰兒、孩童展露笑容，並且緊緊擁抱他們。她以自己的經驗發表演說，訴說這些國家的貧苦情況並向全世界請求支援，之後便立刻就有大量的物資送到她先前到訪過的國家。「我很開心我是個名人。也許正是為了如此，我才會成為女演員。」在回顧自己的人生時，一直都不願承認自己的生命裡只有電影的奧黛麗，後來全心奉獻給聯合國兒童基金會的活動，據說她晚年時，曾對著家人說：「你說，還有比孩子們更重要的存在嗎？」

在全世界還沒幸福之前，就不會有個人的幸福。

宮澤賢治，詩人
（1896-1933）

你不親眼去看，親自去體驗，就不會懂這世間的事。「社會貢獻」的重要，也是在親自體驗過後才能有切身的感受。

福原義春，經營管理者
（1931-）

人類是為了讓其他人幸福而誕生在這世上的。

阿爾伯特・愛因斯坦，德國物理學家
（1879-1955）

試著將「內心的想法」化為文字

當你遭遇困難，不知該如何是好的時候，
寫下來之後真舒坦！
那就坐到桌子前，寫點什麼。
交換日記

小泉八雲

作家

這位偉人

專心一意地寫作，跨越重重苦難

小泉八雲

作家，生於希臘，1850-1904，
父親為軍醫。
為家中次子，有2名兄弟

以《怪談》一書成為家喻戶曉的作家的小泉八雲，本名為派屈克・拉夫卡迪奧・赫恩。他的父母在他很小的時候就離婚，因此由姑婆扶養，後來的他就讀希臘的神學院，沉醉於文學之中。16歲時，他的左眼失明且姑婆破產，不得已只能從神學院輟學，過著悲慘的生活，白天在街上遊蕩，晚上就到貧民窟投宿。不久之後，他遠渡重洋來到美國，在一間小小的印刷店裡幫忙，內心迫切希望自己來日能靠著寫作成就一番事業。某一天，他下定決心將自己的原稿拿到報社投稿，而他的才能也獲得認可，被報社錄用為記者。他在撰寫新聞稿時，偏好以殺人事件、墓地或刑場等特異獨行的內容為題材，引起了莫大的話題。某一次，他前往日本大阪所舉辦的萬國博覽會進行新聞取材，深受日本的傳統文化所吸引，進而產生興趣。後來，他接受到日本進行新聞取材之旅的提議而來到日本，一邊當老師教英語，一邊專心地寫作。之後，他與武士之女小泉節子結婚，並歸化為日本國籍，改名為小泉八雲。在撰寫《怪談》一書的同時，他也出版關於日本的書籍，將當時還蒙著面紗的「日本模樣」傳達給全世界知道。

每天寫下你心中希望發生的奇蹟。有朝一日會真的實現。

葛楚・史坦，
美國詩人、著作家
（1874-1946）

寫作就像在半夜行駛一樣，雖然我們只看到車頭燈照到的地方，終究還是能到達目的地。

E・L・多克托羅，
美國作家
（1931-2015）

寫作使我受教。它教導我接受人生的喜樂及盛衰榮辱，以及再次愛上知、美與恐怖。

艾倫・帕頓，
南非政治家
（1903-1988）

在機會降臨前，就準備好衝刺

最重要的就是看好你自己。

哈里遜・福特

電影演員

這位偉人

在度過無趣的童年
以及長久
居於人下的日子以後，
成為一名好萊塢巨星

哈里遜・福特

電影演員，1942年生於美國伊利諾伊州，父親為上班族

好萊塢巨星哈里遜・福特曾經是個不起眼的孩子。他沒有夢想，也沒有目標，高中畢業時考上了當地的二流大學。他選擇修讀演劇科，是因為該科的學分較容易取得。

當他第一次參加學生話劇而站在舞台上時，他體驗到內心澎湃激動的感覺，決心未來要成為一名演員。

休學以後，他進入當地的劇團進行活動，之後又前往洛杉磯。他在電影中扮演一個小角色，卻依舊默默無聞，於是後來轉行當木匠。據說當時電影公司的主管將他列入絕對不可能成功的演員名單之中。雖然如此，轉行當木匠的他擁有一流的木作技術，承包了家具製作、房屋改造等，擁有許多顧客。當然，他還是隨時留意著成為演員的機會。

某天，因木工工作結識的電影製作人引薦他參與電影《美國風情畫》的演出。他積極地表達自己的想法，讓導演喬治・盧卡斯頗為欣賞，這個轉捩點讓他一舉成為暢銷電影的老班底。

現在的他私底下還是會做一些木作，也考到了飛機與直升機的駕照，並且熱心積極地救助有危難的人。

要相信你的人生會成為你所描繪的模樣。

勒內・笛卡兒，德國哲學家（1596-1650）

所謂才能，是相信你自己本身以及你的能力。

馬克西姆・高爾基，俄羅斯作家（1868-1936）

有時間去消除一百個缺點，還不如去發展一個長處。

皮耶-奧古斯特・雷諾瓦，法國畫家（1841-1919）

「猶豫不決」並不是壞事

心靈的滿足才是唯一的財富。

阿佛烈・諾貝爾

化學家

這位偉人

擁有萬貫家財，
卻終生孤家寡人。
以遺產設立基金會，
作為活過的證據

阿佛烈・諾貝爾

化學家、發明家，
生於瑞典，1833-1896，
家裡的第4個男孩，有7名兄弟

有個人為了成立諾貝爾基金會而捐出龐大的遺產，他就是阿佛烈・諾貝爾。諾貝爾的父親經營化學工廠，由於家中經濟貧困，諾貝爾幾乎有一半的兄弟姊妹都夭折。後來，他的父親前往俄羅斯經商，在事業有成之後便舉家遷居至俄羅斯。諾貝爾很早便展現出他在化學領域的天分，他並未到學校上課，而是由優秀的家庭教師教導他學業。之後，諾貝爾到父親的公司工作，並開始研究該如何讓炸彈安全地引爆，反覆地進行實驗。在弟弟等人犧牲生命之後，諾貝爾終於研發出矽藻土炸藥。矽藻土炸藥被運用在挖掘隧道、興建水庫等工程，對於人類的生活貢獻良多，同時卻也被利用在武器的製造上，成為殺人手段之一。身為一名化學家的諾貝爾，雖然成就了發明以及事業，內心卻一直抱持著矛盾。某次，諾貝爾兄長過世的消息被誤傳為諾貝爾本人過世，媒體都報導「該死的商人終於走了」。據說，他在震驚之餘下定決心要捐出龐大的遺產，當個對人類有所貢獻的人。諾貝爾在人生的最後依舊是孤家寡人，一生都苦惱著化學的發展及其弊害。

一個人富裕或貧窮，並不在於他所擁有的，而是取決於他的人品。

亨利・瓦得・畢奇爾，
美國宗教家
（1813-1887）

獲得幸福並不是指你得到了未擁有的東西，而是意識到你所擁有的東西，並且心懷感謝之意。

弗里德里希・柯尼格，
德國發明家
（1774-1833）

幸福不在於境遇，而在於心境。

瑪莎・華盛頓，
美國前總統夫人
（1731-1802）

與眾不同就是「個性」

只是醒目得讓人討厭而已…
可是我很羨慕高的人耶
美麗，是從你決定活得像你自己的那一刻開始。
可可・香奈兒
時裝設計師

這位偉人

不管別人怎麼說、怎麼想，她一點都不在意，堅持走自己的道路

可可・香奈兒

時裝設計師，生於法國索米爾，1883-1971

偉人們不管別人怎麼說、怎麼想，都堅持走著自己的人生道路，而可可・香奈兒也是其中之一。她在11歲時喪母，且身為旅行商人的父親也拋棄她，成為孤女的她就在孤兒院長大。18歲時獨立，當著裁縫女工的她同時懷著成為歌手的夢想在夜總會唱歌。歌手之路雖然走得並不順遂，而她用來消磨時間而做的帽子款式卻得到認可，讓她躋身時尚界。她捨棄了拘束緊身且限制動作的女裙，選擇以單面平紋緯編布製成衣物，結果大獲成功，建立起一大品牌帝國。另一方面，她自由奔放且打破常理的生活方式偶爾會引來世人的反彈，也讓她備受批判、責難。即使如此，她原本就是個無依無靠的孤兒，對於這些聲音並無所畏懼，也不曾對著其他人阿諛諂媚。她同意自己就是「性格傲慢」，並且認為這就是她成功的關鍵。曾經一度退休的她在71歲時又回到職場，專心致志於她的工作事業，直到87歲過世。正如「人生只有一次，就應盡情享樂」這句話，她的一生都貫徹始終做自己。

要目標做一流的自己，而不是二流的別人。

茱蒂・嘉蘭，美國女演員（1922-1969）

想要過上充實的人生，那麼只要做你自己就行了。

維琴尼亞・薩提爾，美國心理治療師（1916-1988）

永遠都要做你自己，表現你自己，相信你自己。

李小龍，武術家、電影演員（1940-1973）

「不甘心」是動力

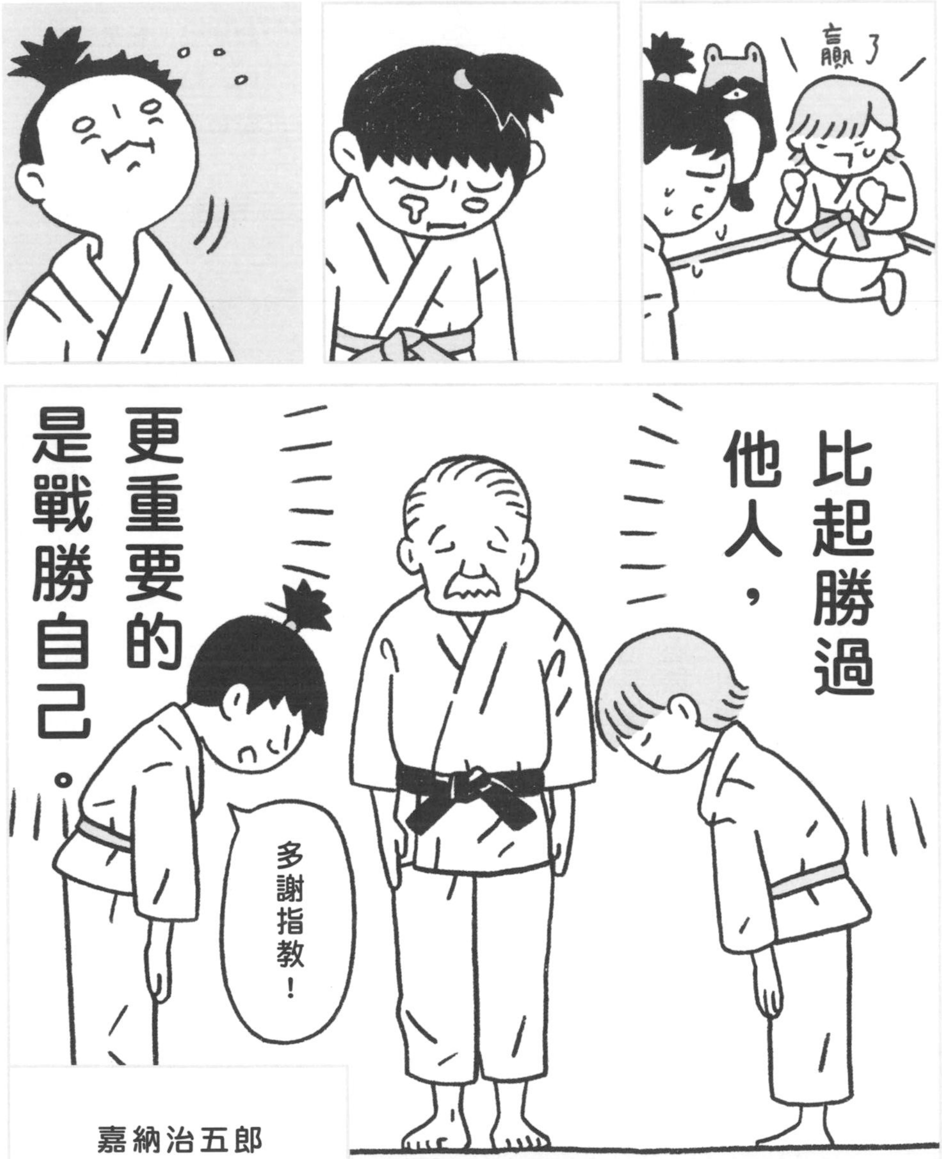

贏了
比起勝過他人，
更重要的是戰勝自己。
多謝指教！

嘉納治五郎

柔道家

這位偉人

向全世界展現身體與精神都能透過修行來鍛鍊的柔道家

嘉納治五郎

柔道家、教育家，生於日本兵庫縣神戶市，1860-1938，釀酒、貨船名門出身

柔道創始人嘉納治五郎小時候的學業成績很優秀，但他有個煩惱，那就是體型瘦弱，力氣又小的他「跟別人打架的時候都會打輸」。他常常被高年級的人欺負，不服輸的他屢屢嘗到不甘心的滋味，心想：「我在課業方面不輸給任何人，怎麼會這樣……」某次，他得知了柔術的存在，那是一種能利用對方的力量取勝的武術，於是他開始拜師修行柔術，輾轉於各個流派門下學習，精通柔術的奧義。在修行的過程之中，他發覺柔術不僅能鍛鍊他的體魄，同時也在鍛鍊他的心智。原本個性毛躁的他開始變得有耐心，性子也愈加沉穩。後來，他統整出一套柔術體系，創立了「柔道」，並開設名為講道館的柔道道場。同時，他也以教育者的身分前往灘校、築波大學等各所學校任教。在講道館學習柔道的學生個個彬彬有禮，且武術實力堅強。深受感動的日本人開始學起柔道，學柔道的人不僅遍布日本國內，更是擴及世界各地。

「柔道的目的，是鍛鍊體魄以強身健體、致力修身養性以成就品德教育，並對這社會有所貢獻。」嘉納治五郎不僅努力推廣柔道，也致力提升日本國內運動的整體發展，為日本首度參與奧運會做出了貢獻。

戰勝自己才是最偉大的勝利。

柏拉圖，古希臘哲學家（西元前427-347）

只有我才能打倒我自己。

拉斐爾・納達爾，西班牙職業網球選手（1986-）

認為自己辦得到的人，到最後才是所謂的勝利者。

李察・巴哈，美國作家、飛行家（1936-）

送給在意旁人眼光的你

這條河好乾淨啊
對啊，真是療癒
啊！
啊啊啊啊
有一隻青蛙耶！真可愛！
不用與別人比較，務必要追求能讓自己快樂的事。

水木茂

漫畫家

這位偉人

開朗地笑著度過慘烈經歷的偉大漫畫家

水木茂

漫畫家，生於日本大阪市，成長於日本鳥取縣境港市，1922-2015，家中次子，有2名兄弟

水木茂是以《鬼太郎》、《靈幻小子》等作品而家喻戶曉的漫畫家。從小，他的個性就是我行我素又穩重大方。小學的他在讀書方面一竅不通，卻非常熱衷於自己感興趣的事物。而且，他還會很自在地「放屁」，把周圍的人逗得笑呵呵，跟人比腕力也很厲害，所以成了玩伴中的孩子王。後來，他在升學方面遭遇挫折，工作換過一個又一個，最後才進入一所美術學校。目標成為一名畫家的他在繪畫方面下了好大一番工夫，但後來因為爆發了太平洋戰爭而入伍從軍。據說，水木茂我行我素的樣子以及大膽的態度，還曾經被誤認為是軍中幹部。入伍沒多久，他被派到戰爭的激戰區，也就是新不列顛島的拉包爾。他在那裡度過地獄般的一段時間，更因為敵軍空襲而失去左臂。即使是生性樂觀的他，也因為戰爭的殘酷、長官翻臉無情的態度而傷心至極。另一方面，據說當時他在戰地與當地的原住民部落建立起好交情，戰爭結束後還曾經煩惱是不是要直接長住於此地。回國後，水木茂一邊工作，一邊為了當一名漫畫家而努力打下基礎。他將家務阿姨從前講給他聽的妖怪故事、關於戰爭的親身經歷畫成了故事，漸漸地成為一名人氣漫畫家。

保持朝氣蓬勃是讓身心健康的最棒方式。

喬治・桑，法國作家（1804-1876）

讓心情快活愉悅的祕訣，就是抱著明天一定會更好的想法生活。

司馬遼太郎，作家（1923-1996）

人生很短，如果有喜歡的、想做的事，都應該去嘗試。

安西水丸，插畫家（1942-2014）

覺得學校很討厭

讀好大學，找好工作！
成績下滑了喔，再這樣下去的話，你的志願學校……
不好好讀書，就什麼都幹不好！

別墨守成規。找出一顆不同於他人的種子，然後盡全力栽培。學校跟社會都會搶走你的那顆種子，企圖讓每顆種子都長得一樣。
亨利・福特
實業家

這位偉人

別光憑學歷下判斷，要找出自己獨有的種子

亨利・福特

福特汽車創始人，
生於美國，1863-1947，
農場主人之子

福特汽車公司的創始人亨利・福特從小就喜歡機械，他相當著迷拆解時鐘，並且將它組裝回去。他對學校的課業提不起興趣，所以16歲選擇輟學，過起了工作賺錢與反覆試做汽車專用引擎的日子。做過各種不同工作的他，在40歲時成立了福特汽車工業，開發出平價的「福特T型車」，將從前只有富人才能擁有的汽車賣給全世界的大眾百姓。

某次，一間報社評論未受學校教育的他是個「無知的和平主義者」，亨利・福特因而以損害他人名譽為由對報社提告，對方律師在法庭上對他提出關於國際金融、藝術、物理學等等的詰問，因為報社希望以此證明他是個無知的人。而他則回答：「我不知道答案，但我能馬上找來擁有這方面專業知識的人。為何我要一定為了回答你的質問，而硬是記下那些一般知識？」對方律師無法提出反駁，在場的每個人也都不認為亨利・福特是個無知且沒有學問的人。

對於我們而言，重要的並不是學歷之類的東西，而是積累被人愛戴、得人協助之德。

本田宗一郎，
本田技研工業創始人
（1906-1991）

學歷與成功絕非成正比。不過，成功與專業知識確實成正比。若你期望成功，只請你務必努力地去吸收不輸給任何人的專業知識。

約瑟・墨菲，
美國宗教家、著述家
（1898-1981）

小故事2

給抗拒上學的你

據說現在日本國內拒絕上學的孩童約有14萬5千人。這些孩童拒絕上學的理由有很多種，像是被人霸凌、生病、跟不上課業、討厭老師……等等。

日本實業家小幡和輝也是其中一人。如今的他已是地方創生會議的創始人，經營各種事業以及參與各種社會活動。

他從小學2年級到國中3年級的這10年都拒絕到學校上課。起因是有一次在跟班上其他同學閒聊的過程中，有個人發問：「3減5是多少？」他回答：「是負2。」他以為其他人會稱讚他：「你好厲害喔！怎麼會知道這麼難的問題～」結果其他人都不知道什麼是「負」，不是呆呆地愣著，就是安靜不說話。

他原本就是個好奇心旺盛而且知識淵博的人，但從那次之後，他在跟同學講話時，就習慣刻意掩飾自己的聰明才智，過得愈來愈不開心。他不去學校上課的日子愈來愈多，自從某天被班上的同學毆打之後，他就再也不去學校了。他的父母親當然想盡辦法要讓他去上學，但最後只能放棄。對他而言，更幸運的是他有個住在附近的同齡親戚同樣拒絕上學，所以他們兩個就湊在一起，度過不上學的時光。

後來，他到地方自治團體營運的適應指導教室（專為拒絕上學的中、小學生設置的教室）上課，並進入定時制高中（設有夜間部的高中）就讀。非常喜歡電玩的小幡和輝在電玩專賣店舉辦的比賽中，認識了一位好朋友。那個朋友後來拜託他去某個音樂活動的現場演唱會幫忙，讓他踏入了舉辦活動的世界中。當時他內心「為幫助別人而全力以赴的感覺怎麼這麼棒！」的想法，據說就跟他現在的工作有所關聯。

就算不去學校也沒關係，除此之外還有很多種選項。我們可以去考高中、考大學，也有許多地方都能讓我們學習自己喜歡的事情。這世上也有不少人曾經拒絕上學，還像他一樣自行創業，像是機器人開發者、ＩＴ產業人員、實業家、音樂人……等等。

不用因為拒絕上學而感到內疚。只要將那段期間當成用來「找到屬於自己的世界」就好，不用在意別人的眼光，照著自己的步調走。人生只有一次，你也要抬頭挺胸地去實現自己喜歡的事情，享受你自己的人生。

特別章

支持偉人的那些話

BOYS BE AMBITIOS

因為有老師的這一句話

黑柳徹子

演員、電視藝人

恩師的話

名言 金句

**接受這個
不在意周圍眼光
又好動的問題兒童，
一直鼓勵她**

黑柳徹子

演員、電視藝人，
1933年生於日本東京都，
雙親為音樂家，家中長女，有2位弟妹

黑柳徹子小時候是個相當怪異的孩子。她在身為指揮家及聲樂家的父母親身邊開心自在地成長，而她在學校上課時，會不停地掀起課桌的蓋子，或者是跑到窗戶邊呼喚路上的街頭宣傳藝人。校方後來就以妨礙上課為由，在她小學1年時將她退學。母親帶著這樣的她到一所能讓學生自由學習的學校——巴氏學園。學園裡有電車改造而成的教室，學生可以主動去學習自己喜歡的學科，還有豐富多樣的課外活動等等，而老師僅是在一旁提供協助而已。有一次，她將一個很珍貴的錢包掉在廁所裡，而當時的廁所還是沒有沖水設備的旱廁，所以她為了找錢包而將糞坑裡的糞尿通通挖出來，小林校長看到以後只跟她說一句：「等等記得都要堆回去喔。」沒有制止行動如此破天荒的黑柳徹子，而是尊重她，並且溫柔地在一旁陪伴。「雖然許多人都覺得妳不是個乖寶寶，但其實妳真的是個很棒的孩子喔。」她能夠不去在意周圍大人的批判或否定，「堅持做自己」，都是因為有校長的**這一句話**。這句話讓她不去在意旁人眼光，並且帶給她自信。黑柳徹子相當感謝校長，她說，長大成人的她仍能恣意展現這樣的個性，「都是因為有校長的這一句話給予支持」。

黑柳徹子的名言

每個人有自己個人的夢想。每個人的興趣與才能也都不一樣。那就是個性。

為什麼要斥責別人「你一定要這麼做才對」呢？

與家人在一起，而且每個人都健健康康，並擁有溫暖的笑容。那不就是我們真正的幸福嗎？

當我難過時曾有人溫柔地對待我，使我忘不了這份溫柔。我認為懂得他人的難過，也是一種溫柔。

想改掉血氣方剛的個性

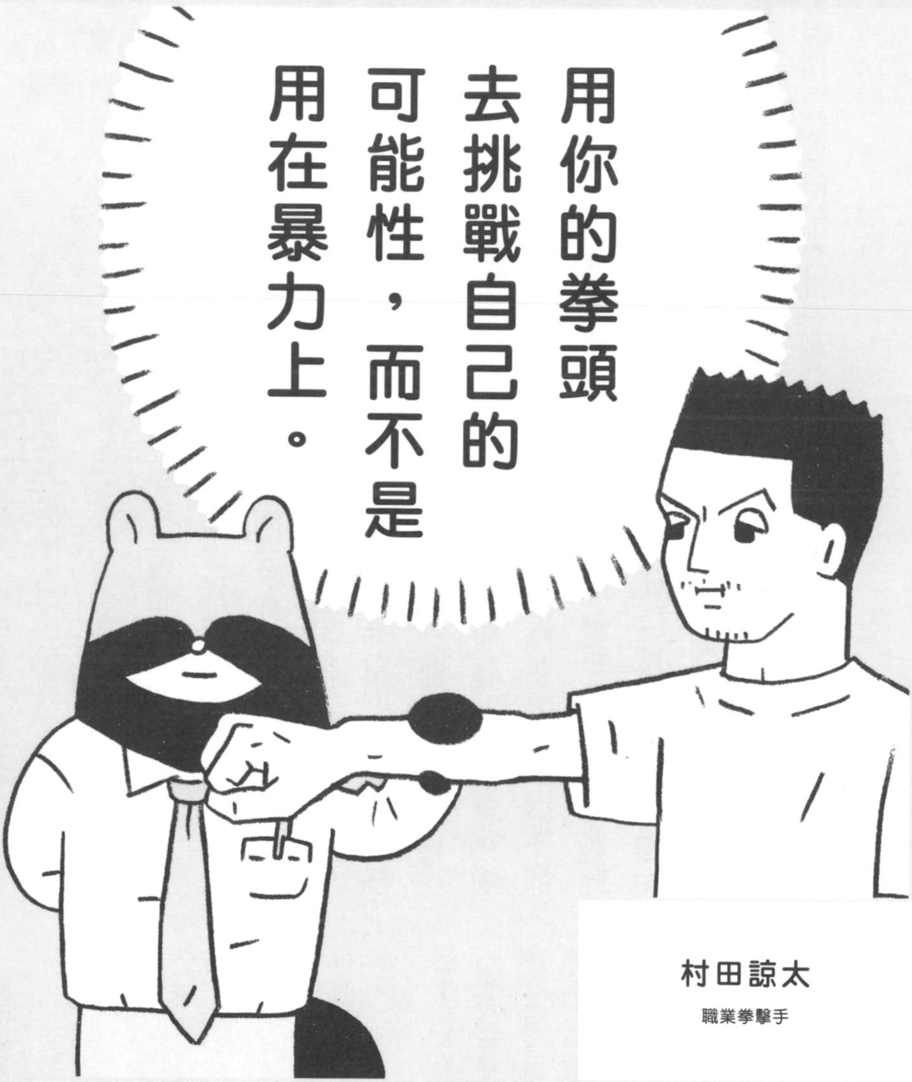
用你的拳頭去挑戰自己的可能性，而不是用在暴力上。

村田諒太

職業拳擊手

恩師的話

名言  金句

一句話改變了暴力的他，讓他成為世界冠軍

村田諒太

職業拳擊手，1986年生於日本奈良縣，雙親為公務員，為家中么子，有兩名兄弟

村田諒太是首位在奧運男子拳擊中量級比賽中獲得金牌的日本選手。父母親離異，生長在不幸福的家庭之中的他，國中1年級時頂著一頭金髮到學校上課，班級導師一見到他便問：「你想要做什麼？」他回答：「打拳擊。」那個周末，老師便帶他到一間拳擊教室。後來他進入高中，遇見了他的恩師——武元老師。面對著血氣方剛而總愛動粗的他，武元老師說的正是**這一句話**。從那之後，他便非常認真而努力地練習拳擊，而且還說：「自己很笨，所以要多讀點書。」成了一個愛看書的人。後來的他遭遇了一次又一次的挫折，最後終於如願奪下奧運金牌。被稱為「戰鬥哲學家」的他，即使在比賽中獲勝也不會做出握拳向上振臂的慶祝姿勢。這是武元老師告訴他「要體諒落敗的對手」的教誨。之後他轉為職業拳擊手，在第一場王座決戰中因爭議的裁判而吃下敗仗時，他也沒有公開地表示不滿，而是主動到對方的休息室恭喜他獲得勝利。他曾經發誓過「未來的人生不能愧對這塊金牌」，一直都很感謝當初遇見的恩師以及支持著他的人。

村田諒太的名言

自己無法掌控的事，再怎麼想也改變不了。

自信，是持續成長的必要關鍵。想要擁有自信，某種程度上的成果是有其必要的。所以重要的是要如何面對每一天腳踏實步的練習。

抱著先入為主、刻板印象或是否定的態度，也許就會給自己設下界限，而無法達成真正實力應有的結果。

要自己去思考、去執行，那一切都會對你有所助益。

受焦慮的情緒左右

完全沒必要
感到焦慮不安，
也不必覺得消極！
人生那麼好，
天氣那麼棒，
開心地去做吧。

大坂直美

職業網球選手

教練的一句話

名言金句

這句話讓內心軟弱的她改掉一不順利就會輸球的壞毛病

大坂直美

職業網球選手，
1997年生於日本大阪府，
父親為海地共和國人，母親為日本混血兒

大坂直美是首位在四大網球公開賽之一的全美網球公開賽中奪下冠軍的日本選手。她的母親是前滑冰選手，而她從小有著卓越的運動神經，3歲開始便與姊姊一起接受父親的網球啟蒙，父女三人以威廉斯姊妹花為目標，開啟特訓的每一天。不久之後，她便以猛勁的球風嶄露頭角，在20歲之前成為期待度僅次於小威廉斯的網球好手。不過，實際情況卻與她的名氣背道而馳，她持續地參加網球巡迴賽，卻有好長一段時間都無法讓自己的排名往上攀升。這是因為一旦比賽當中出現失誤，她就會開始焦慮不安，然後欠缺冷靜的思考，最後就輸掉了比賽。大坂直美本身是個完美主義的人，而且個性又消極負面，這樣的她之所以出現戲劇般的轉變，是因為當時的教練薩沙・巴金說的**這一句話**。巴金教練的個性開朗又積極正向，他一直鼓勵著容易氣餒的大坂直美：「妳一定行的！」他們在訓練的過程中也會加入一些不失樂趣的處罰，就算是嚴苛的訓練，他們仍以「快樂」為座右銘。大坂直美在心靈方面有所成長，並且學會控制情緒，在球場上展開猛烈的進攻。她在決賽中與自己的偶像小威廉斯對戰，並且漂亮地贏得那一場比賽。

大坂直美的名言

愈能夠積極樂觀，球就會打得愈好。

有狀態良好的日子，就會有一蹋糊塗的時候，正因如此，我們只能繼續走下去。

事情說出口就會更容易實現。

有變化的人生會比一成不變更加有趣。

每個人都有專屬於自己的路，而且只會在那條路上勇往直前。不要放棄，也不用跟其他人比較。

無論如何都想獲勝

拉斐爾・納達爾

職業網球選手

教練的一句話

名言  金句

這一句話
讓他擺脫舊傷以及低潮，
並重返世界冠軍

拉斐爾・納達爾

網球選手，1986年生於西班牙，
叔叔為網球教練。
與羅傑 費德勒開創出網球雙傑的時代

拉斐爾・納達爾在男子職業網球界中稱霸至尊之位，並與費德勒共同開創出網球雙傑的時代，他在2014年法網賽事中奪冠以後，便陷入很長一段的低迷時期。他因為受傷而接受手術治療，但自從隔年重返球場之後，便頻頻在中途退賽，使他陷入了低潮。他最擅長的球路是打出旋球的來回拉球戰，但由於網球也邁入了以攻擊與速度得分的時代，而不再是靠著來回拉球得分，然而納達爾卻遲遲適應不了這樣的變化。年輕有為的網球選手一個接著一個出現在球場上，看著他頹然喪氣地離開球場的身影，球壇上便開始出現「納達爾的時代已經結束」的聲音。這樣的低迷狀態持續未止，直到某一天，當時身為教練的叔叔托尼對納達爾說**這一句話**。納達爾說：「他說我要更有鬥志。要是我辦不到這一點的話，就會是一樣的結果。」並且被追問：「你到底有多想要贏得勝利？」於是他下定決心要有所改變。納達爾改變自己的打法，並且努力鍛鍊身體，讓身體不再容易受傷。脫胎換骨的納達爾於2017年的初戰浴火重生，在他最擅長的法國公開賽中拿下了睽違3年之久的冠軍寶座。同年，他也在全美公開賽中奪冠，榮耀回歸世界排名第一。

拉斐爾・納達爾的名言

失去並不是我們的敵人。害怕失去才是我們的敵人。

我們沒有時間找藉口。

我隨時都帶著目標在工作。而我的目標就是成為更厲害的選手、更好的人。

沒有體驗過輸，就嘗不到勝利的滋味。勝利與失敗都是我們非得接受的經驗。

不管發生什麼事，內心都別放棄

植松努

工程技術員、實業家

母親的一句話

名言  金句

這句話支持著夢想被人否定、一直遭人看扁的少年

植松努

工程技術員、實業家，
1966年生於日本北海道。
繼承父親經營的植松電機

位於北海道的赤平市有一間員工人數為20人的小工廠，專門製造機器人以及人造衛星。工廠的老闆植松努從小就非常喜歡動手做東西。小學時，他曾經說：「我要做一艘潛水艇！」結果老師不分青紅皂白地就否定他的想法，直呼：「上不了東大就不可能！那麼花錢，絕對不可能。」但他的祖父母都鼓勵他：「誰都奪不走你的知識。所以，要把知識當作你最珍貴的財產，多讀一些書喔。」也會稱讚他：「你這孩子頭腦真好～」有一天，他在電視上看見阿波羅11號成功登陸月球的畫面，心中大為感動。他夢想著浩瀚的宇宙，迷上了製作紙飛機。上國中以後，他在升學就業輔導調查時表明自己「想要開發機器人」的志向，老師卻告訴他：「你的成績別說是上大學，就連上高中都很勉強。所以那是不可能的。」然而，是母親的**這一句話**推了極度喪氣的他一把。這句話的意思是「倘若一直揣懷著夢想，總有一天一定會實現」。所以他並未因此而放棄，將自己的「想法」以及鼓舞著他的「這句話」當成是動力，最後終於實現了多年以來的夢想。如今，他的公司已有大批來自全日本及全球各地的人前來觀摩以及進行實驗。

植松努的名言

只要有時間，就能做些什麼。請把這些時間花在其他人不會擁有的經驗上。

重要的是去傾聽從失敗中學到經驗的人所說的話，還有在社會上工作的人所說的切身之談。

個性是自己的經驗。好的經驗也罷，壞的經驗也好，那都是別人不曉得、專屬於你的情報。

幫助別人，人生會更閃耀光彩

把被拋棄的孩子
變成一個
大家都搶著要的人，
是一種很棒的
魔法。

澤田美喜

社會公益事業家

孤兒院院長的一句話

名言金句

這一句話帶給她契機，讓她開始扶養那些被父母拋棄的戰爭孤兒

澤田美喜

社會公益事業家，
出生於日本東京都，1901-1980。
三菱財閥創始人岩崎彌太郎之孫

第二次世界大戰過後，日本出現了非常多由日本女性與美國軍人生下的孩子。在這些孩子當中，有些人被父母親拋棄成了孤兒，然而有一名日本女性領養了這些孤兒，撫養他們長大，她就是澤田美喜。她的父親是三菱財閥的當家岩崎久彌，身為千金大小姐的她無憂無慮地快樂成長，直到10多歲的時候，她在看護阿姨閱讀聖經時聽見聖經裡的句子「要愛你的仇敵」，讓她受到了衝擊。後來，她與一名外交官結婚，婚後隨著丈夫一同前往倫敦，在某次機會之下前往孤兒院進行參訪，結果院長的**這一句話**震撼了她的內心。回到日本之後的某天，她在搭乘火車的途中，有個黑人與日本人的混血寶寶被棄置在她頭頂上方的行李架上。當時被當成是棄嬰犯人的她，下定決心要興建一間收養這些孩童的孤兒院。戰爭結束之後，她將自己的財產全數變換成現金，並為了募集物資而四處奔走。只是，政府與占領軍完全不理會她，周圍的人也是冷眼相待。即使如此，她也並未一蹶不振，還是成為了2千名以上孩童的母親，將他們扶養到長大獨立。在這些孩子長大以後，她還是會傾聽他們的煩惱，並在全世界四處奔走，為這些孩子籌備與親生父母的會面。

澤田美喜的名言

我們可以用自己的雙手將自己的人生塗成任何顏色。

不要哭泣，人生中只要記得美好的事物即可。

永遠都要向上，抬頭挺胸地往前邁進。

把障礙變成「我的個人風格」

上天不會賜給我們
跨不過的試煉。

谷真海

帕拉林匹克選手

母親的一句話

名言 金句

這句話讓熱愛運動卻被病魔奪走一隻腳的少女重新站起

谷真海

帕拉林匹克運動會跳遠選手，
1982年生於日本宮城縣

自雅典帕拉林匹克開始，共出戰3次帕拉林匹克運動會的選手谷真海，在跳遠項目有著出色亮眼的表現。谷真海的右腿並沒有膝蓋以下的部分，這是因為她在大學2年級的夏天發現罹患骨肉癌，不得已只好截肢。從小就熱愛運動的她不論是游泳還是田徑都非常在行，大學時還成為啦啦隊的隊員，全心全意地投入啦啦隊的練習。然而，她卻在那個時候發現自己得到癌症。在她覺得很不甘心、很難過，不知道該怎麼辦才好的時候，母親對她說的就是**這一句話**。她不想死，所以下定決心與病魔奮戰。只是，當她回到大學之後，卻感覺自己像是個多餘的人，後來都躲在房裡閉門不出。在流淚的同時，她回想起童年的時光，然後猛然驚醒，決定「要走出自己的運動風格」。於是她裝上義肢，並挑戰跳遠。她一邊在公司上班，一邊以參加帕運會為目標，獨自一人默默地埋頭苦練，後來終於獲得了雅典帕拉林匹克運動會的參賽權。一心一意的她在2013年時於國際奧委會上發表演說「運動的力量」，為東京申辦奧林匹克運動會做出了貢獻。

谷真海的名言

打開界限的封蓋吧。

重要的是我擁有的，
而不是我失去的！

難過的時候，
擁有希望就顯得
更加重要。

在學校之外找到「喜好」

學校的成績
或世間的頭銜
都不是人生的一切。
能夠不顧一切地
去做自己想做的事情
同樣也很重要。
野口健
登山家

父親的一句話

名言　金句

這句話為那個不愛念書的留級生帶來希望，使他找到人生方向

野口健

登山家，1973年生於美國波士頓，父親為外交官，母親為埃及人。小6時父母離異

世界級的登山家野口健，小時候是個調皮搗蛋的孩子，在讀書方面並不在行。進入英國的住宿制完全中學以後，學校的課業以及規定都相當嚴格，使得學業成績不好的他愈來愈沒有活力。升上高中之後的某一天，他因為跟高年級生打架而被停課，並且由日本籍的父親帶回家。當時的他已做好心理準備，等著被狠狠教訓一番，卻聽到父親對他說**這一句話**，使他萎靡的心獲得勇氣，決定前往日本關西地區旅行。他在途中的某間書店買了一本書，是冒險家植村直己的著作《把青春賭在山上》。他的心中發出了「我想嘗試登山」的聲音，於是開始鑽研關於登山的書籍，後來成功攻頂富士山以及別稱北阿爾卑斯的飛驒山脈。他深信「這就是我的世界！」後來，他進入大學，一邊打工存下登山基金，成功地攻頂一座座的世界高峰，更是刷新了完成七大陸最高峰登頂的最年輕登山家紀錄。在那段期間，他看見日本的登山隊在登山途中所留下的大量垃圾，感到相當痛心，於是發起了「珠穆朗瑪峰的登山清掃活動」。同時，也對於富士山的環境清潔出了一份力。曾經討厭讀書的他開始讀起環境問題的專業書籍，以登山家及環境活動家的身分活躍著。

野口健的名言

任何事都是如此，思考「該怎麼做」的意義才重大，而不是覺得「這個行不通」就放棄。

即使有49％的機率會失敗，但只要有51％的機率會成功，那就OK了。

坦露自己的失敗或脆弱，就會出現願意幫助自己的人。

邁向成功哪有什麼捷徑，只是走在一條又窄又長的努力延長線上而已。

澤穗希

前職業足球選手

名言 金句

那句話支持著以第一為目標的她，即使被當成傻瓜，還是不斷地努力

澤穗希

前職業足球選手，
1978年出生於日本東京都，
有一名兄長

2011年，日本女足隊打進世界盃女子足球賽的決賽。正當全日本都屏息注視著賽況，又稱大和撫子隊的日本女足隊追回一分，比賽進入延長賽，在延長賽結束前3分鐘，日本隊又射進一球，挺進了PK賽。而踢進這一球的球員，正是澤穗希選手。小時候的她受到哥哥的影響，進入了少年足球俱樂部。由於她活躍出色的表現，球隊在她6年級時踢進了全國大賽。可是她卻不能上場比賽。當比賽對手的男生踢她的釘鞋，還說：「明明就是個女的，踢什麼足球。」她的母親鼓勵她：「妳以後就用足球在那男生面前揚眉吐氣吧。」她在學校與男孩子跑到戶外玩在一起，其他女生跑來對她找碴時，母親也是跟她說：「妳就活得像妳自己，跟現在的妳一樣就好。笑顏常開，自然會有好的結果。」後來，她勤奮練習，磨練球技，表現出色，但是日本女足隊卻經常在比賽中輸球。她前往美國接受足球訓練，了解到自己與其他球員在體格與力氣上的差異，然後彌補了這些不足之處，因此後來甚至被稱為「快腳澤」。她將母親總是掛在嘴邊的**這一句話**當成她的精神支柱，跨越了大家對「女生」和「矮個子日本人」的偏見，贏得了世界第一。

澤穗希的名言

不必任何時候都保持正向樂觀。低落的時候就乾脆讓心情墜到谷底。當心情墜到谷底後，再來就只會往上飛了。

哭沒關係，但不能逃避。

「輸」就是「認識」的機會。

行動之後就會湧現衝勁。

努力就是才能

松井秀喜

前職業棒球選手、
美國職棒大聯盟球員

父親的一句話

名言 金句

這句話
讓天生好體格
與出類拔萃的資質
有了更好的發揮

松井秀喜

前職業棒球選手、美國職棒大聯盟球員，1974年出生於日本石川縣，為家中次子，父親為宗教家

松井秀喜是日本職棒巨人隊第4棒打者，表現相當活躍，在美國職棒大聯盟時亦有傑出的表現。他從小就魁梧健壯，而且食慾旺盛，受到父親及哥哥的影響，他憧憬成為一名棒球選手。小學1年級時，他加入了原本只有3年級以上的人才能進入的少年棒球隊，但他跟不上球隊的訓練，所以後來便退出了，並在4年級時開始學柔道。在勤奮練習下，他甚至成為縣內比賽排名靠前的強者，周圍的人也都期許他未來成為一名柔道選手。不過，他發現「自己真正想做的還是打棒球」，於是5年級時再度加入棒球社，升上國中之後他就不再練柔道，專注於棒球的練習。除了社團活動時間，他在回家之後依舊繼續練習揮棒，成為了頗受稱許的打者。進入星陵高中之後，他立刻成為球隊的第4棒打者，並參加甲子園大賽。高中3年級時，對方球隊對他使出「連續5次打席皆投四壞球」，因此在第2輪賽程中遭到淘汰。後來，松井秀喜加入職業棒球隊，成了一名表現相當亮眼的全壘打打者。他本人常說：「我從來都不曾認為我自己有棒球的才華。」他相當珍惜父親告訴他的**這一句話**，累積一次又一次腳踏實地的努力。

松井秀喜的名言

別想偷懶，
因為我正在盯著你看。

不管走在哪條路上，途中都會有一大堆的糟心事。但即使如此，我們還是不能逃跑。

我壓根不去想那些自己沒辦法掌控的事。我只專注在自己做得到的事情上。

緊張到無法冷靜時

淺田真央

前花式滑冰選手

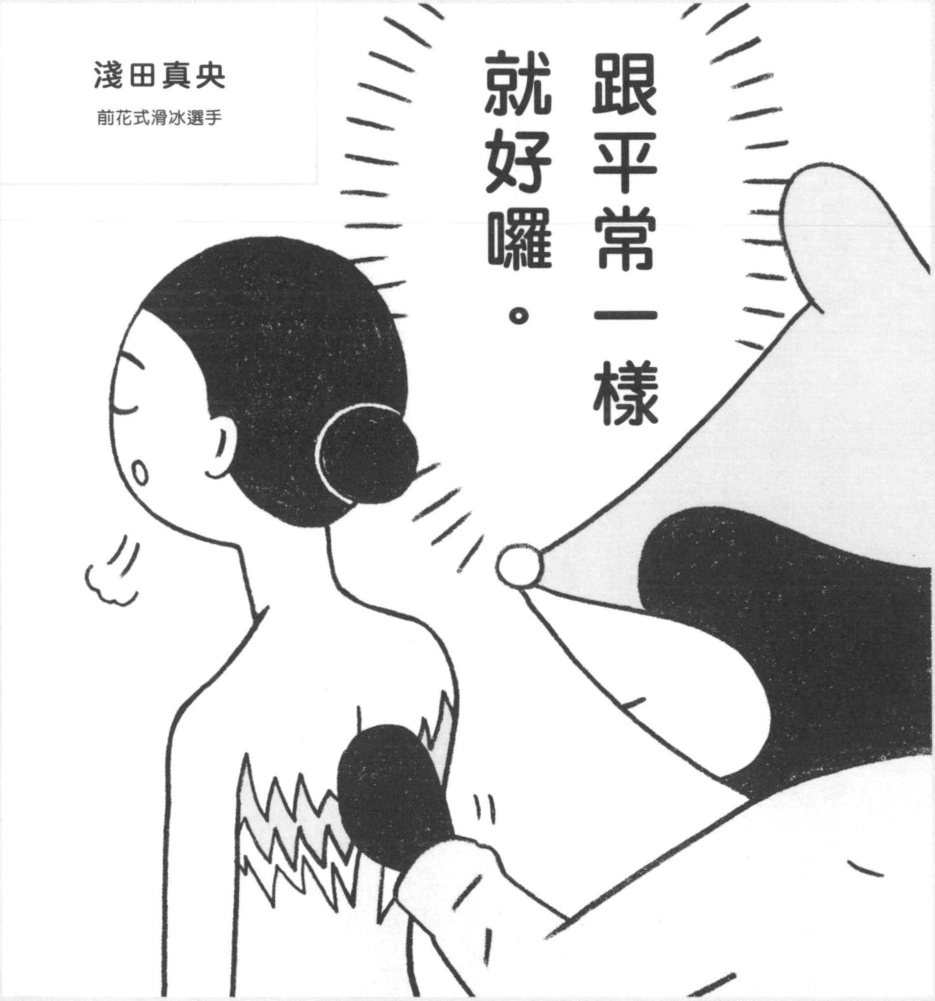

母親的一句話

名言金句

讓她在重要比賽前冷靜下來的這句話

淺田真央

前花式滑冰選手，
1990年出生於日本愛知縣，
有一名姊姊

淺田真央是日本前滑冰選手，退出滑冰界以後仍然人氣不減。她在5歲的時候開始學習滑冰，小小年紀就嶄露頭角，被稱為天才少女，引領著滑冰界。她的母親匡子女士總是在她的身邊陪伴著她，給予她鼓勵、為她守候。即使教練告訴她「該讓身體休息一下了」，她還是繼續練習，是個努力型的天才。即使如此，任何人到了比賽的時候，本來就會有不想輸的好勝心，或是出現不曉得能不能比賽順利的不安情緒。她也是如此，再加上許多的觀眾都聚焦在她一個人身上，讓她緊張得身體僵硬。看著這樣的她，母親對她說的就是**這一句話**。隨著音樂起舞，讓身體記住了無數個動作，即使練習時已經能夠一次又一次做出完美的滑冰表演，但是一旦上場比賽，就會意識到「這是比賽！」而容易出錯。因此，最重要的其實就是讓自己放鬆，然後呈現出「像平時一樣」的滑冰表演。在索契奧運會的滑冰場上，她的自由式表演讓全世界的人驚嘆不已，感動得熱淚盈眶。相信在正式上場之前，她的耳邊一定迴響著母親所說的：「跟平常一樣就好囉。」

淺田真央的名言

「昨日的自己」絕對別辜負了「今日的自己」。

找到那個能為自己感到開心的人，我們就能變得更強大。

做出漂亮的演出時，自己也會覺得心情雀躍澎湃。

因為是難度高超的技巧才要去挑戰。

有人說，正因為經歷過許多事，並且一一克服了，才會有現在。

正因為受過傷，才懂得體會

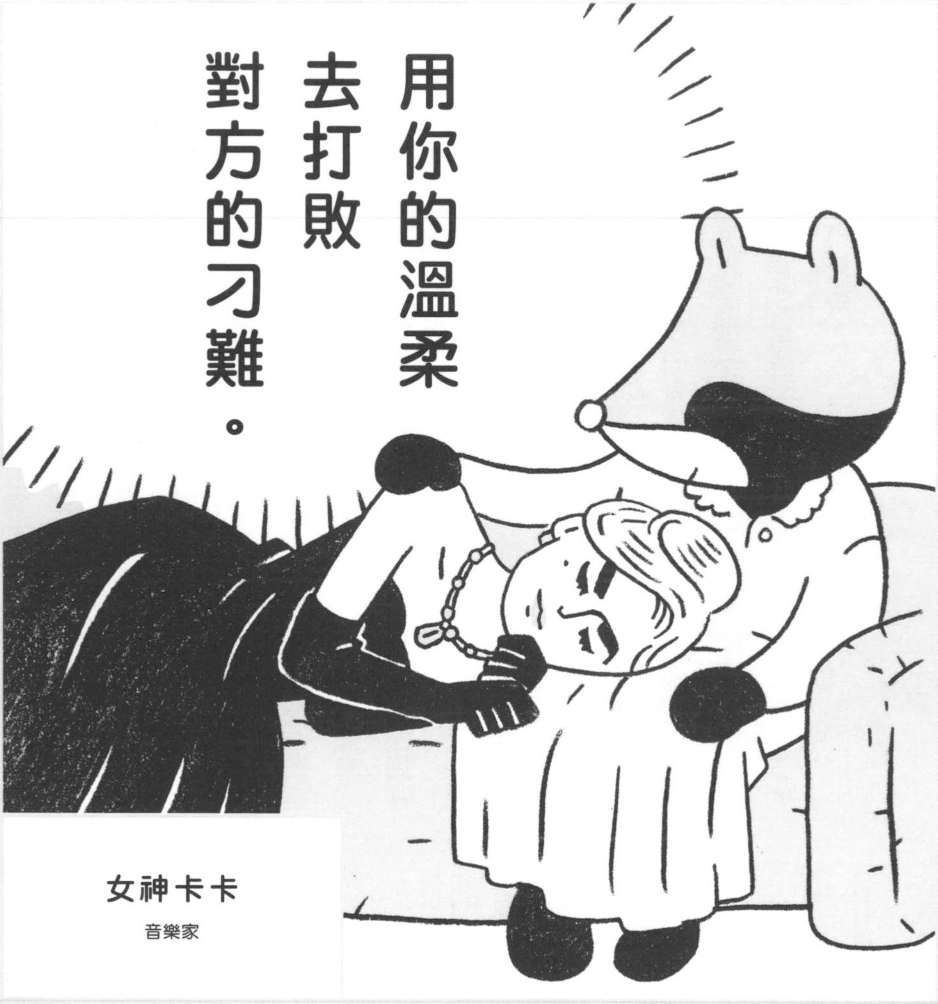

女神卡卡

音樂家

名言 金句

在她遭受霸凌而難過不已時，給予她支持的那一句話

女神卡卡

音樂家、歌手，1986年出生於美國，父親為實業家，將卡卡培育成大家閨秀

流行歌壇的歌姬女神卡卡在歌手及演員兩方面都有相當活躍的表現，也積極地參與對社會貢獻的活動。其中一項活動就是她為了消除霸凌，而與母親共同成立的天生完美基金會。這個基金會成立的契機，是由於女神卡卡的某一名遭到霸凌的歌迷選擇自殺來結束自己的生命。

女神卡卡的許多歌迷都是十幾歲的青少年，感到自己的心中揣懷著沉重與陰暗。所以她打從心底希望那些「只因為自己與眾不同就走上絕路的年輕人」都能曉得「自己並不是孤獨一人」。女神卡卡本身在學生時代也遭遇過霸凌，那時的她沒有自信，覺得自己是個醜八怪，而她的避難所就是音樂及母親。她說，唱歌使她獲得療癒，與母親談話則能使她安心。母親常常對她說的就是**這一句話**。意思是我們要用愛去應付對方惡意的態度或行動，如果以惡意的態度去回應，只會增加彼此之間的憎惡。

她跨越了那些艱辛痛苦，並且相信正因為自己被人深深傷害過，才能夠去體諒他人，擁有治癒他人的能力。

女神卡卡的名言

霸凌是喪家之犬才做的事。

若你有黑暗面，那正是你站在陽光下的證據。

我相信，只要我們每個人都做出一點點的改變，誠摯待人，展現出熱情，變得更寬容，就能夠改變這世界。

丟掉那顆否定自己的心。你要否定的不是你自己，而是那些讓你心生恐慌的人。

覺得快被閒言閒語打敗時

蹲到最低，
才跳得最高。

山中伸彌
醫學者

某本書中的一句話

名言 金句

在他一切都過得不順遂，內心抑鬱寡歡時激勵他的那一句話

山中伸彌

醫學者，1962年出生於日本大阪府，父親經營一間小工廠

iPS細胞（人工誘導多能幹細胞）能夠無限繁殖以及製造出人體所有的細胞，而發現了iPS細胞並獲得諾貝爾生理學、醫學獎的人，正是山中伸彌教授。他在學生時代修練柔道，有多次骨折的經驗，因此促使他成為整形外科醫生。不過，因為他的手腳不夠俐落，別人花20分鐘就能結束的手術，他竟得花上2小時，周圍的人還戲稱他為「累贅中」，所以他認為自己並不適合當個外科醫生，於是進入研究所開始進行藥物研究。後來，他前往美國留學，度過充實的研究生活以後又回到日本。只是，當時日本的研究環境並不完善，在他照顧實驗用的小白鼠時，他對自己究竟是個研究生，還是一個只是照顧這些老鼠的人感到疑惑。再加上他也無法理解自己的研究主題，過大的壓力導致他出現憂鬱症。所幸他還是希望能夠治療重病患者，無論如何都不能放棄，好不容易才重新振作起來，後來的他換到一間設備齊全的研究室。為了擺脫痛苦，他博覽群書，而在他心中迴盪並支持著他的正是**這一句話**。他在演講會上也經常告訴大家：「一定都會否極泰來的。」

山中伸彌的名言

如果對未來有明確的理想，那麼不管做什麼工作都會開心。

既然真的是誰都沒做過的事，那不管怎樣的研究都會有它的價值。

做研究就像在跑全程馬拉松。

年輕時不論失敗幾次都不要緊，所以希望你們都去享受失敗的感覺。

小故事3

送給覺得上學很麻煩的你

《逐夢上學路》（2012）是一部法國的紀錄片，片中描繪了世界各地有些孩子為了到幾十公里之外的學校上課，豁出性命走在上學路上的身影。

在印度東部的孟加拉灣的某座小島上，住著一位13歲的少女黛薇，她也是其中一人。為了到另一座村莊裡的中學上課，她必須走過田埂，渡過兩條河流，並且穿越過森林。渡過第一條河時雖是搭船過河，但有時還是可能因為船身不穩而翻覆；而過另一條河時，則是得一邊找著水深較淺的河床徒步過河。穿越森林是上學途中最危險的一段路程，除了會有蛇類或其他小動物出沒，最危險的就是虎視眈眈等著擄走這些孩子的人……。

因為上學之路如此危機四伏，每年有70位孩童放棄去學校上課。不過，黛薇並不放棄，因為她夢想著要成為一名醫生，未來還想要在村子裡開一間免費替人看病的診所。黛薇的母親小時候沒辦法上學受教育，所以她認不得字，也不會寫字，而她希望女兒將來不要變成這樣的大人。為了黛薇以及妹妹的教育，身為漁夫的父親每天都做著重度勞力的工作，母親也得下田工作，備嘗艱辛。

住在肯亞的11歲男童傑克森與6歲的妹妹為了前往15公里遠的學校，來回得花4個小時穿越過疏林莽原（草原）。而他們在上學的途中一定得格外注意莽原上的象群，因為象群很有可能會攻擊人類，據說牠們在1年內奪走了好幾條人命。

傑克森的父母親是靠著販售木炭來賺錢維生，他們不管再怎麼貧窮，也絕對不放棄讓孩子受教育。在孩子們出發上學之前，他們的父親還會禱告：「祝福你們平安抵達學校！希望你們認真用功讀書，成績變得更好！期望你們平安無事回來！」

當你說不出什麼原因，反正就是覺得不想去學校、覺得上學好麻煩、很無聊的時候，請你要想起一件事，那就是這世界上還有許多的孩童為了擺脫貧窮，以及創造出燦爛豐富的將來，而賭上自己的性命去上學。

第
4
章

為了實現夢想

「撿垃圾」有助於招來好運

撿起別人隨手丟掉的好運氣。

大谷翔平

美國職棒大聯盟球員

這位偉人

設定目標、有所行動，以及為了招來「運氣」

大谷翔平

職業棒球選手、美國職棒大聯盟球員，1994年出生於日本岩手縣，父親為社會人棒球選手，母親為羽球選手。為3兄弟中的老么

大谷翔平是一名活躍於美國職棒大聯盟的棒球選手。他是所謂的二刀流選手，投球、打擊俱佳，是超一流的稀有棒球選手。高中1年級時，他就為了成為一名職棒選手而列出一張「目標達成清單」。當時他的目標是「在新人選拔時成為8個球團的第一名指定選手」，然後他設定了「心理」、「球速」、「球質」、「體格」等8個主題，用以實現這項目標。而其中一項主題就是「招來好運」，具體的達標策略則是「撿垃圾」、「打掃房間」、「跟人打招呼」、「對裁判的態度」、「珍惜球具」等等。看見地上的垃圾卻視而不見時，他覺得別人可能會質問他：「你覺得這樣做好嗎？」所以每當他撿起地上的垃圾時，他就會覺得自己的運氣變更好了，進而開始期待再發現其他垃圾。

想要實現夢想，首先就要設定目標，並且寫成文字。接著，就是付諸實際的行動，而且還要試著去做點能造福別人的事。累積起來的一件件善事，一定能夠為自己帶來好運。

運氣好的人，都是一直抱持著強烈的信念，並且付出無數的犧牲，以及鍥而不捨地持續努力。

詹姆斯・艾倫，英國作家（1864-1912）

我堅定地相信運氣的存在，也了解人愈是努力，運氣就愈容易找上門。

湯瑪斯・傑佛遜，美國第3任總統（1743-1826）

成功的人不會等待運氣上門，而是主動去掌握運氣。

安田善次郎，安田財閥始祖（1838-1921）

每件發生的事都是奇蹟

要一起走嗎？
世上有很多人
是你遇見以後
才懂他的好，
有很多風景
是你看見以後
才會受它感動。
在與這些人
和風景相遇之前，
都別輕言放棄。

宮崎駿

電影導演

珍惜在生命中遇見的人事物

宮崎駿

電影導演、漫畫家，1941生於日本東京都，父親為宮崎航空興學的管理階層，4兄弟中的次子

享譽全球的動畫電影巨匠宮崎駿出生在一個富裕的家庭，父親是公司裡的管理階層，使童年的他無憂無慮地成長。從小，他就有著過人的繪畫天賦，並熱衷於電影及漫畫，高中時便下定決心要成為一名漫畫家。不過，他還是決定先讀大學，打算一邊念書一邊畫風格較為寫實的「劇畫」，結果他在那時遇見了一部動畫《白蛇傳》，於是開始畫起漫畫。宮崎駿從小到大一直都是所謂的「好孩子」，不曾與父母親有過意見衝突，他發現自己不能再繼續這樣下去，必須靠著自己活下去。這股反抗心理讓他甚至否定小孩子的天真無邪，在準備考試的鬱悶之中，將滿腔的怨氣都表現在劇畫當中。而這部《白蛇傳》的動畫，則讓這樣的他決定要畫出小孩子坦率的開闊心胸。「父母親的存在可能會抹滅掉孩子的天真無邪以及開闊心胸」，所以他想要創作出能促使孩子早日脫離父母親羽翼的作品，傳達出「千萬別被父母親扼殺」的想法。這份意志在他的作品當中一脈相傳，他慶幸眼前所見的孩子們都能出生在這世上，至今仍帶著這份心情為孩子們努力地投入動畫製作。

與真正重要之人的相遇，有著翻轉一切過往的力量。

第3代桂米朝，落語家（1925-2015）

若你擁有感到趣味的能力，不管在哪你都會覺得很有意思。

西江雅之，文化人類學者（1937-2015）

樂觀看待世界、欣賞世界、仔細觀察世界，是極為重要的事。

野間清治，出版人（1878-1938）

「明明就是個女的」是稱讚？

一個女孩子家怎麼會喜歡那個呢
那麼危險，其實我是反對的…
老姊那樣騎一點都不酷
最難的是下定決心行動。再來就只是有沒有毅力與恆心。
我出發了！

愛蜜莉亞・艾爾哈特

飛行員

這位偉人

堅持不放棄，
最後終於實現願望的
首位女性飛行員

愛蜜莉亞・艾爾哈特

美國飛行員，1897-1937，
生於德裔的富裕家庭，
於太平洋上失蹤

第一位成功飛越大西洋的女性飛行員愛蜜莉亞・艾爾哈特從小就是個熱愛冒險的活潑女孩。她最喜歡做的事就是除草，有一次她在除草時加速，身體被拋上了空中，她無法忘懷那種感覺。長大之後，她在航空展中首次搭乘飛機，立志要成為一名飛行員。於是她決定大學休學，進入機師訓練學校。當時的飛機經常發生事故，是種危險的交通工具，而且還有人對她口出惡言，說：「明明就是個女的，來學什麼開飛機。」即便如此，她還是工作賺取機師培訓的學費，取得了國際機師的資格。某一天，有人邀請她：「妳想不想成為第一個飛越大西洋的女性飛行員？」而她則爽快地答應這趟飛行，但搭上飛機之後才發現飛機是由另一名男性機師操縱，而她只是負責做紀錄。然而這趟橫越大西洋的飛行成功以後，也使得她聲名大噪，在進行寫作及演講的同時，她也繼續磨練自己的飛行技術，等待著下一次由她獨自飛越大西洋的機會。就這樣，由她獨自駕駛飛機橫越大西洋的那天終於來臨，飛行途中雖然遇上了引擎故障以及惡劣氣候，她最後依然成功做到這項被認為是「女人辦不到」的壯舉。

既然決定好了非做不可的事，那就要帶著堅持到底的信念走到最後。我們的問題不在於能力不足，而是不夠堅持。

土光敏夫，
工程師、實業家
（1896-1988）

只有偏執狂才能走到最後。

阿爾伯特・愛因斯坦，
德國理論物理學家
（1879-1955）

我對於任何事物都喜歡追根究底。因為如此一來，通常都會有好的結果。

比爾・蓋茲，
美國微軟創始人
（1955-）

去做現在的你想做的事

那、那個…
我想要…想要演看看話劇…

做你想做的事、做你覺得有趣的事，那才是最棒的！

若宮正子
應用程式開發者

這位偉人

年齡不是問題！若有想做的事情，就會永保青春

若宮正子

應用程式開發者，1935年生於日本東京都，60歲開始接觸電腦

2017年，一名日本女性受到蘋果公司CEO蒂姆．庫克之邀，參與全球軟體開發者大會。她是正宮若子，當時高壽82歲。該年2月，由她獨自開發的中高年齡層取向的手機遊戲應用程式「hinadan」由蘋果公司上架，引起了庫克的注意。曾為銀行員的她在屆齡退休以後，立刻投入了年邁母親的看護生活，無法自由外出，過著鬱悶的每一天。那時，她看到某篇文章寫著：「只要有電腦，即使在家也能跟人聊天。」便在衝動之下買了一台電腦，結果搞得自己不得不跟它奮戰。她原本就對機械很不在行，再加上當時又沒有詳細的使用指南，過了3個月後她才終於能用這台電腦跟其他人聊天。後來，她參與創辦一個銀髮族的網站「Mellow Club」，並且創造了EXCEL藝術。而她使用EXCEL設計的圖案最後還成為了製作團扇、背包的教材。正宮女士熱愛冒險，從以前就是會獨自一人展開海外旅行，她表示：「活著如果只在意別人的目光，實在太難過了。比起在意他人目光，更應該珍惜自己才是。與其活得中規中矩，還不如活出自己的風格，那才是最棒的。」如今，她仍然從事著各式各樣的活動。

年齡只是你單方面的臆想。你只要無視它，它也不會理睬你。

艾拉．惠勒．威爾克斯，美國詩人、著作家（1850-1919）

想著回到年輕歲月，也不會有任何幫助。不如享受現在的自己能做的事吧。

塔莎．杜朵，美國繪本作家（1915-2008）

青春指的並不是生命中的某個時期，而是你所抱持的態度。

塞繆爾．厄爾曼，美國詩人（1840-1924）

「為了某某人」就是最強大的力量

每天只吃麵包的話，會營養不均衡喔
沒差啦
……
便當基礎入門
早啊～
造福全世界才是發明的目的，而不是只為自己發財致富。
做給我吃的？
吃吧！
豐田佐吉
實業家

這位偉人

立志改善
母親辛勞的生活，
靠著這股決心發明成功

豐田佐吉

發明家、實業家，
生於日本靜岡縣，1867-1930，
4兄弟中的長子

為世界級的豐田集團打下基礎的發明家豐田佐吉，小學畢業以後便當起木工學徒，跟著務農並兼職木工的父親學木工。他熱衷於讀書學習，工作之餘甚至還會跑到學校的教室外面坐著聽課。在聽課的過程中，他得知了英國的工業革命。他聽聞工業革命以後的紡織機比人力紡織機更快速，三兩下便能織好布匹，便想起自己母親得長時間地一直織布，搞得腰痠背疼。他心想：「無論如何我都要研究出來！」於是向學校的老師借來關於發明家的書籍，以自己的方式開始進行研究。他還到東京的博覽會參觀，觀察外國製造的人力紡織機，不斷地從錯誤當中學習，最後終於製作出一台單手即可操縱的人力紡織機。他的母親比任何人都還要為他感到開心。後來，他完成了日本第一台自動織布機。改良後的織布機甚至受到讓英國公司的青睞，他們拜託豐田讓他們製作這台厲害的織布機。他說：「我證明了日本人也能做出全世界通用的新發明，這是最令我感到開心的一件事。」他也鼓勵兒子喜一郎開發出不遜於外國製造的汽車，成就了現今的世界豐田集團。

不能只有做研究，還要思考該怎麼做才能藉此造福世界。

北里柴三郎，
細菌學家
（1853-1931）

藏在人類內心最深處的，是希望讓他人開心喜悅的渴望。

威廉·詹姆士，
美國哲學家、心理學家
（1842-1910）

人類不是只為了活著而到來到這世上，是為了這世界、為了其他人、為了完成某些事，所以才降生於世間。

坂本龍馬，
土佐藩鄉士
（1836-1867）

就算別人說「99% 不可能」

三浦知良

職業足球選手

這位偉人

即便周圍的人都說絕對不可能，仍相信自己並且去挑戰

三浦知良

職業足球選手，1967年生於日本靜岡縣

1981年，15歲的三浦知良在升學就職調查表中寫下「前進巴西，成為職業足球選手」。他的哥哥是足球員，叔叔也是少年足球隊的教練，所以自然也走上這條路。小學時，他看到巴西隊在世界盃足球賽中的表現之後深受吸引，暗自下定決心要前往巴西學習足球。幾年後，當他決定要實踐這項目標時，卻遭到周遭的強烈反對。不是足球選拔選手的他被其他人說「99%不可能做到」，他卻發下豪語：「我相信那剩下的1%！」而他的父母親則是全力支持他。他前往巴西並加入當地的足球青訓梯隊，默默練習著。3年過去了，卻沒有任何動靜，正當他覺得「差不多該回日本」時，看見一群小朋友赤腳踢著破破爛爛的足球，他反省：「自己該有多麼幸福。」於是回到球隊，並在19歲時成為職業足球選手。後來的他逐漸成長，成為知名球隊的主力球員。

1993年，日本職業足球聯賽開幕以後，他為了提振日本國內的足球風氣而回到日本，成為日本足球界的長青樹。

「不可能」不是別人說了算。

穆罕默德・阿里，美國前職業拳擊手（1942-2016）

我總是在做自己不會的事。因為這樣一來，我就能學會做那些事了。

巴勃羅・畢卡索，西班牙畫家、雕刻家（1881-1973）

若是生來沒有羽翼，那任何事情要去嘗試，才能讓自己展翅高飛。

可可・香奈兒，法國時裝設計師（1883-1971）

靠著小小的一步

持續挑戰「世間所盼望的事」，會比做「自己做得到的事」的人生來得更有趣。

糸川英夫
工程師

這位偉人

長年以來的夢想開花結果，為日本的宇宙探索打下基礎的研究者

糸川英夫

工程師，生於日本東京都，1912-1999，父親為教師

2010年，日本的太空探測器「隼鳥號」帶回一顆小行星的樣本，引起廣泛的討論。那顆行星的名字就叫做「糸川星」，取名自日本的宇宙探索之父——糸川英夫。英夫第一次看見飛機是在他3歲的時候，當時空中秀表演了特技飛行。而忘不了當時那份感動的少年，卻無法好好地認真讀書學習。在他住家附近有個小朋友因為身體不好而無法上學，某次他教了這個孩子功課之後，才開始勤奮向學。後來，為了製作最喜愛的飛機，他在大學畢業以後便進入一間飛機製造公司，當時恰逢戰爭，他也參與了製作軍用飛機。日本在戰敗以後禁止開發飛機，因此失去目標的他在幾年之後才重新在火箭開發中看見希望。他火速地招兵買馬，找尋能夠資助他們的公司，一邊投入火箭的研發與製作，終於研發出長度為23公分的迷你型火箭。他抱著「步伐再小也沒關係，一步一步地往前進就好」的想法開始進行實驗，機會便在不知不覺之中降臨。他們為了觀測地球而決定將火箭送上外太空，失敗無數次以後，終於在1958年將火箭成功發射到距離地表60公里的高空，成功觀測地球，為日本的宇宙研究開發打下基礎。

努力拚命地去做自己想做的事，要是這樣做能夠對他人有所幫助，那便是我的榮幸。

野口英世，細菌學家（1876-1928）

若想變得幸福，那就去學習如何使人歡樂。

馬修・普瑞爾，英國詩人、外交官（1664-1721）

能做到先利人而後利己，必定有所成就。

松下幸之助，Panasonic創始人（1894-1989）

第
5
章

跨越「煎熬的心情」

隨心所欲地活著就行

追求與他人相同的生活與想法，並不能讓你做到與眾不同。你只要保持原樣就好。

荻野吟子

醫師

這位偉人

跨越重重的障礙，實現自己意志的第一位日本女醫師

荻野吟子

醫師、女權運動家，
生於日本埼玉縣，1851-1913。
名門世家的5女

荻野吟子是日本第一位女醫師，17歲的她在相親之下嫁為人婦，婚後不久卻被丈夫傳染疾病，只好接受婦科治療。婦科診察由男性醫師執行，讓她感到相當屈辱，以致於病情惡化。她了解許多的女性跟她一樣飽受痛苦，讓她下定決心要成為一名醫生。離婚以後，周圍的人都對她說：「趕快再找個人結婚啊！」並以「在外拋頭露面工作不是良家婦女會做的事」為由強烈反對。理解她強烈意志的父親則在留下「妳只要隨心所欲地活著就行」的遺言以後，便與世長辭。當時的醫學部或醫校都不接受女性入學，最後是在託人說情之下，私立醫校好壽院才以「我們不會拿妳當女孩子看」的條件接受她入學。她勤奮向學，以優秀的成績畢業，卻再度遇到困難，那就是她無法參加國家醫師考試。當時，自由民權運動逐漸興盛，其中也有主張婦女權利的女性出面爭取。這些女性活躍的身影鼓舞了她，她鍥而不捨地與日本內務省進行無數次的交涉，終於獲得參加考試的機會，並成為女性考生之中的唯一合格者。終於實現了她多年以來的夙願。

生命中經歷過一切逆境、困難與障礙，都使我變得更加強大。

華特・迪士尼，
美國實業家、電影製作人
（1901-1966）

每個人的心中都有一束照亮某個方向的火焰。找出這束火焰並且持續點燃它，那才是我們的人生目的。

瑪莉・盧・雷頓，
美國體操選手
（1968-）

人類有時會傷心欲絕。而那時就是蛻變的機會。

丹波哲郎，
演員
（1922-2006）

覺得「今天都沒什麼好事」

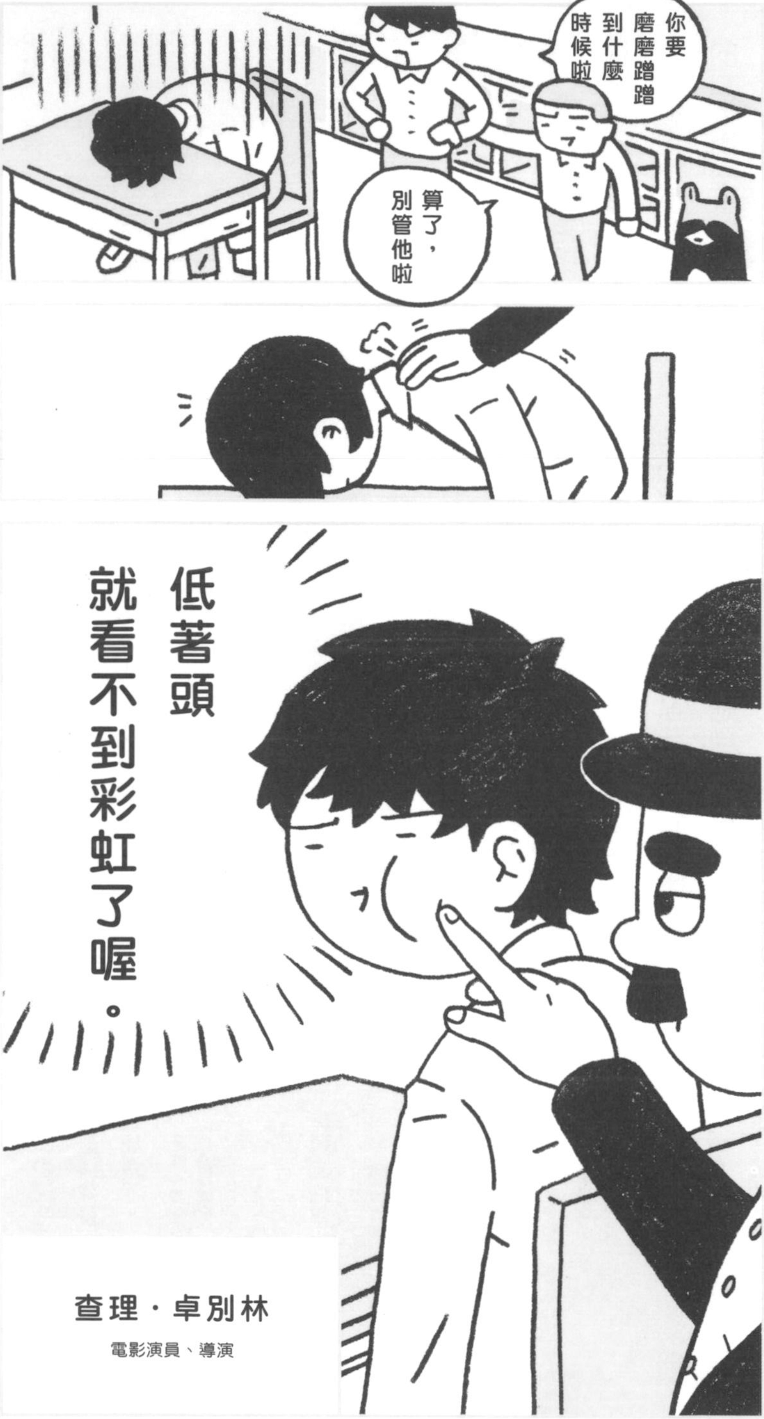

查理・卓別林

電影演員、導演

這位偉人

在艱苦的童年與少年時期知道了搞笑的美妙，成為世界喜劇之王

查理・卓別林

電影演員、導演，
生於英國，1889-1977。
雙親為貧窮的搞笑藝人

喜劇之王查理・卓別林在出生不久之後，父母親便離婚，由當歌手的母親扶養長大。某一次，他代替身體不適的母親上台表演，正當他困擾著該如何是好時，台下的觀眾喊著：「趕快表演！」一個接著一個把錢扔向舞台。為生活所苦的他打算先撿錢再開始表演，就在舞台上跑來跑去，把錢都裝到帽子裡。結果觀眾看見他這個模樣之後都捧腹大笑！那時的他切身感受到：「原來讓觀眾開懷大笑是這麼開心的一件事。」7歲時，他的母親因病住院，導致他輾轉待了好幾間孤兒院。那段期間，他為了活下去而做過各種工作。後來，他進入了一個很受歡迎的喜劇團打拚，直到他的才能受到認可。在美國的巡演出時，他走上了喜劇電影之路，由他執導與主演的《淘金記》、《摩登時代》等多部名作皆大賣。世界大戰的時期，希特勒對猶太人的殘虐迫害讓他憤慨不已，因此製作了電影《大獨裁者》。即使有可能遭到暗殺，他還是努力地讓這部電影成功上映，因為他實在無法原諒希特勒如此草菅人命的行為。內心孤獨的卓別林在晚年時也得到家人的照顧，過著安穩的生活。

孤獨的人受苦良深，所以不得不找點樂趣。

尼采，
德國哲學家
（1844-1900）

變得幸福是人生的唯一目的。而一天微笑幾次，是衡量一個人幸不幸福的唯一基準。

史蒂夫・沃茲尼亞克，
美國蘋果公司創始人之一
（1950-）

沒了愛與歡笑，人就不會有所期待。活在愛與歡笑之中吧。

賀拉斯，
古羅馬詩人
（西元前65-8）

立刻行動是有意義的

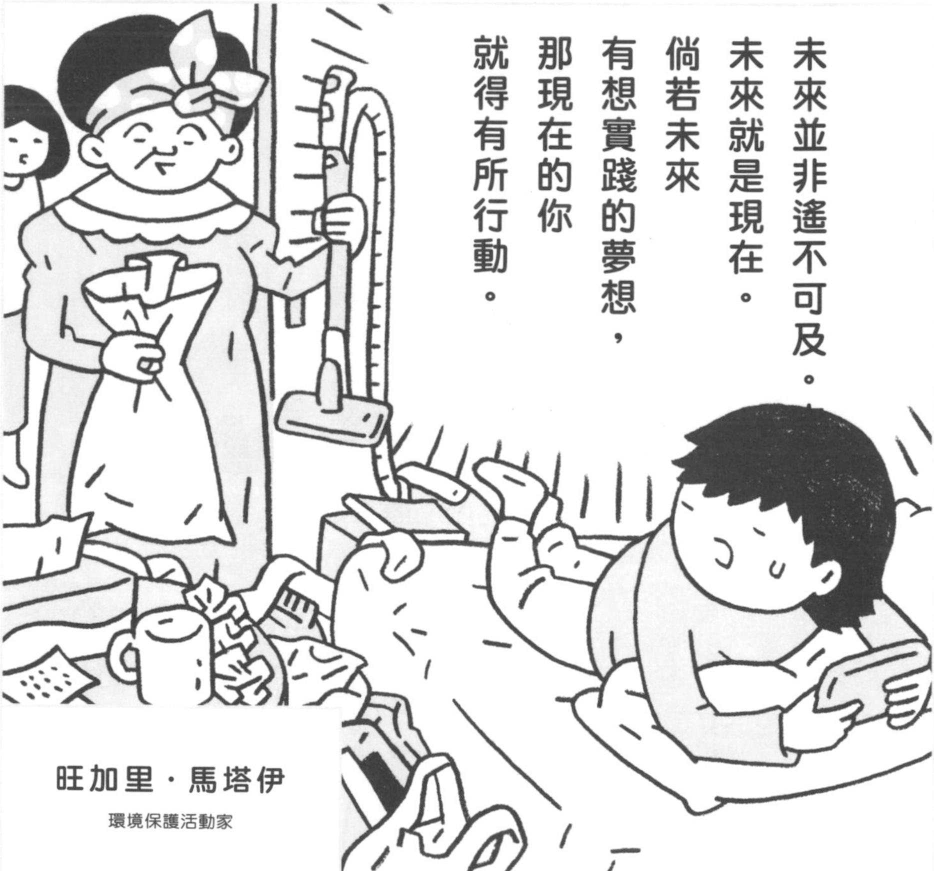

未來並非遙不可及。
未來就是現在。
倘若未來
有想實踐的夢想，
那現在的你
就得有所行動。

旺加里・馬塔伊
環境保護活動家

這位偉人

擁有目標，並且「立刻」行動的重要性

旺加里・馬塔伊

環境保護活動家，生於肯亞，1940-2011。生於農村之家

有位女性深受一句日文「もったいない」（實在太浪費了）的感動，而將這句話推廣至全世界，她就是旺加里・馬塔伊。出生在貧窮人家的她從小就要幫忙做家事以及農活。她是個勤奮的人，有時候還會工作到三更半夜，這樣的經驗使她培養出「只要不放棄的話，即使以為不可能的事也能做到」的想法。她的課業成績也很優秀，20歲時被肯亞政府挑選為留學生，前往美國的大學留學。回國以後，她看到脫離英國獨立的肯亞遭受破壞的自然環境，茫然不已。原本美麗的森林遭到砍伐，變成專門將農作物銷往海外的巨大農園。幾年以後，她所驚懼擔心的事情果然發生了，河川因土石流而變得汙濁，使人民失去飲用水源；草木枯萎，乳牛也擠不出牛乳。因此，她發起全國性的綠帶活動，喊出「種植草木，重回森林」的口號。在獲得諾貝爾和平獎的隔年，她第一次前往日本。她了解到這句「實在太浪費了」意味著「擁有一顆珍惜物品的心」，也學到日本人使用傳統的包裝布「風呂敷」代替紙袋或塑膠袋的智慧。她深信這些都有助於讓人們更加珍惜大自然。

現在，就是活出你心中所描繪的人生的時候。

亨利・詹姆斯，英國作家（1843-1916）

開始永遠都在今天。

瑪麗・沃斯通克拉夫特，英國作家（1759-1797）

總有一天會做的事，都是今天也能做的事。

米歇爾・德・蒙田，法國哲學家（1533-1592）

唯有自尊不能捨棄

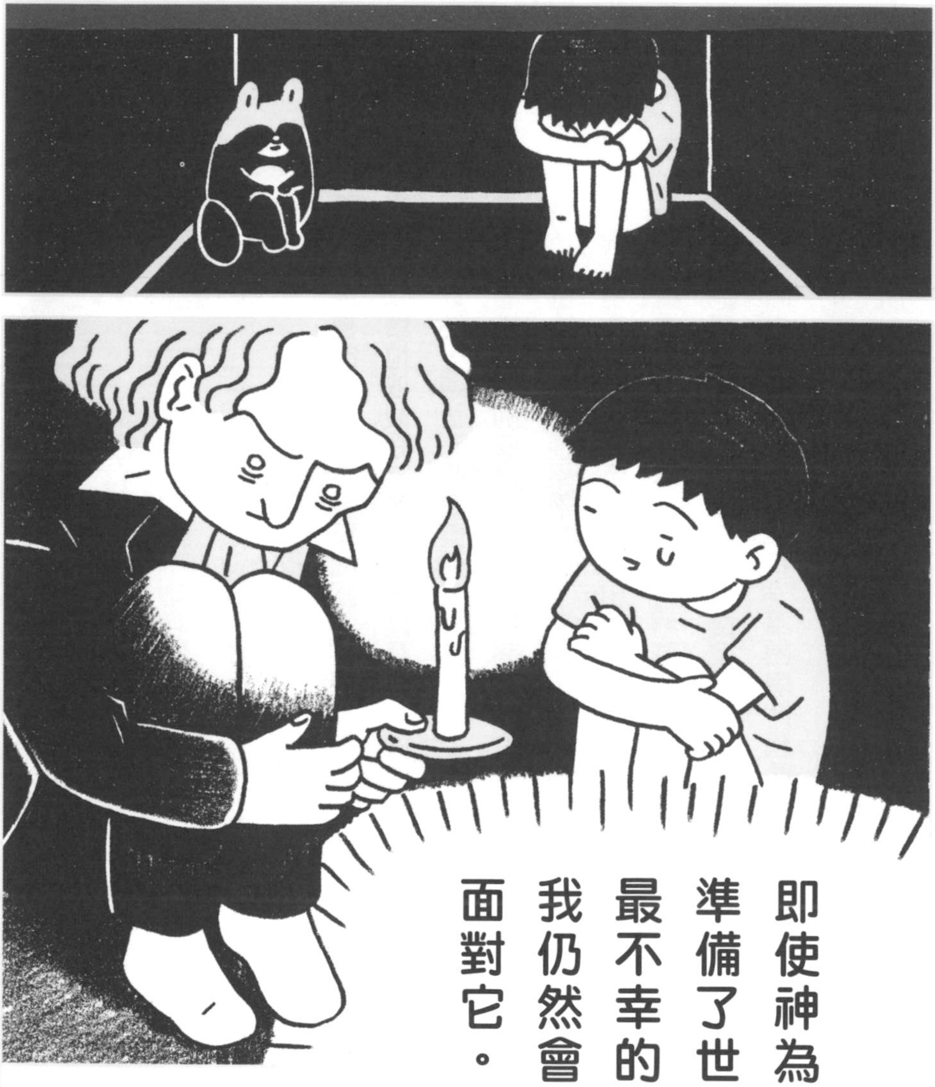

即使神為我準備了世界上最不幸的人生，我仍然會去面對它。

路德維希．范．貝多芬

作曲家

這位  偉人

熬過地獄般的童年，使才華開花結果，貫徹不屈不撓的生存之道

路德維希・范・貝多芬

作曲家、鋼琴演奏家，生於德國，1770-1827。祖父為宮廷樂隊指揮

樂聖貝多芬的父親是個聲樂家，身為音樂家卻愛酗酒的他無法支撐家計，所以都是仰賴貝多芬的祖父過活。貝多芬的父親聽聞神童莫札特的名氣之後，便開始對擁有音樂天賦的貝多芬展開斯巴達式教育。他的教育方式有如虐待，貝多芬與他的兄弟在晚上聽見醉醺醺的父親走向孩子房的腳步聲時，都會嚇得全身發抖，緊緊地依偎在一起。然而父親的目標就只有貝多芬一人。雖然貝多芬身處於地獄般的環境，依然靠著他出類拔萃的音樂才能慢慢地有了名氣。不過，他卻在接近30歲的時候罹患耳疾，面臨身為音樂家的重大危機。他一度想過要自殺，甚至也寫好了遺書，但還是斬不斷對於音樂的熱情，於是決定以作曲家的身分登上顛峰。另一方面，他的個性是一旦認為事情不合理，就決不退讓。當時，音樂家的社會地位卑微，受貴族差遣使喚，只能從專用的出入口進出，而貝多芬非從大門進出不可。音樂家雖然能獲得貴族的贊助，但他討厭被束縛的感覺而拒絕了這些贊助，堅決不做卑躬屈膝的事。

假如你的人生不曾經歷過痛苦，那麼你就不算活過。

尼爾・賽門，美國劇作家（1927-2018）

世上沒有永遠的不幸，端看你要咬牙忍受，還是鼓起勇氣驅趕。

羅曼・羅蘭，法國作家（1866-1944）

我從沒忘記活著就是一件值得開心的事。

凱瑟琳・赫本，美國女演員（1907-2003）

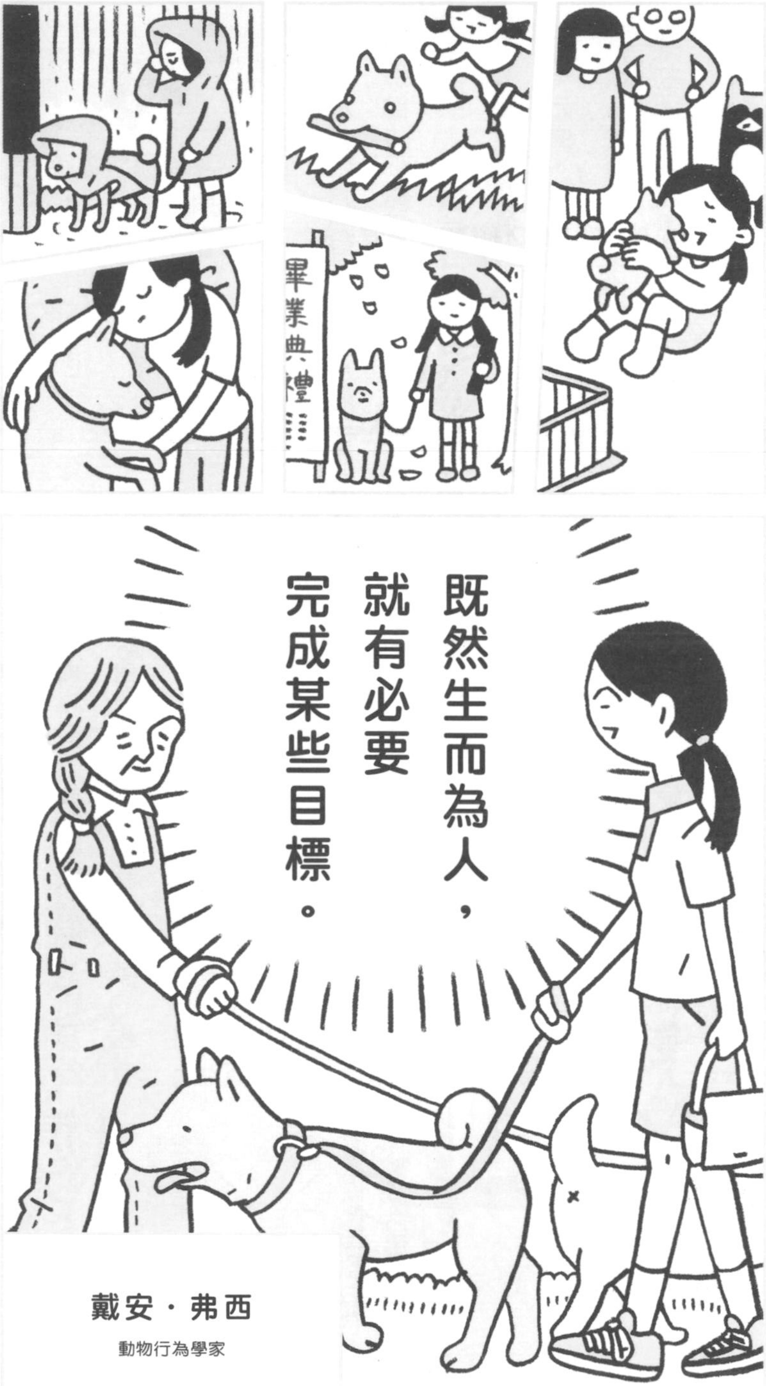
畢業典禮
既然生而為人，
就有必要
完成某些目標。

戴安・弗西

動物行為學家

這位偉人

將一生的愛都獻給了
在孤獨的少女時期
帶給她安慰的動物

戴安・弗西

動物行為學家，生於美國加州，1932-1985。繼父為建築師

戴安・弗西是一位動物學家，她與山地大猩猩比鄰而居，進行山地大猩猩的生態觀察。父母親在她很小的時候就離婚，而她與繼父相處得並不好，成長過程中不曉得何謂家人的愛。她的個性內向，所以也交不到朋友，唯有與動物待在一起的時光讓她感覺到幸福。後來，她當上一名職能治療師，休假前往非洲旅行時，遇見了山地大猩猩。她開始觀察大猩猩，3年後的某一天，一隻大猩猩走到她的身旁，伸出粗壯的手指摸了摸她的手，她知道大猩猩接受她成為同伴了。而她的研究也讓全世界的動物學者讚譽有加，但另一方面，卻有源源不絕的盜獵者為了發財致富而獵捕大猩猩。她感到無比憤怒，決定在森林戒護守備，設下陷阱獵網，最後報警抓起這些盜獵者。但這次行動卻害一隻公猩猩遭到殺害，讓她傷心欲絕。於是她將這些大猩猩的慘況傳達給全世界的人知曉，並且募集捐款，強化守護這些大猩猩的活動。最後，她遭逢悲劇，被不明人士殺害。以自己的命相換，拚死都要保護大猩猩的這份意志，便由她所創立的基金會傳承下去。

人人都是重要的，每個人都有自己的任務，不論是誰都有改變現實的力量。

珍・古德，英國動物行為學家（1934-）

在談論未來之前，必須先知道當下的現實。因為人只能從現實開始。

彼得・杜拉克，奧地利經營學家（1909-2005）

即使你認為那是件不好辦的事情，也請你開始行動。因為當你開始動作時，事情就已經完成一半了。

奧索尼烏斯，羅馬帝國著述家（310-393）

最強的敵人是自己。

阿比比・比基拉

馬拉松選手

這位偉人

跑步就是他的生命，
靠著赤腳奪下金牌的
馬拉松跑者

阿比比・比基拉

馬拉松選手，生於衣索比亞，
1932-1973。
父親為貧窮的小佃農

阿比比・比基拉是一名在奧運會的男子馬拉松項目中赤腳奔跑的傳奇選手。他從小就打著赤腳在原野及森林中奔跑，小學時更是從家裡跑了15公里的路途到學校上課。「總有一天要在奧運會上與國外的強手競速」成了他的夢想。即使入伍從軍，他依舊在軍隊訓練之餘練跑，引起國家田徑隊教練的關注，於是二人便一同以參加奧運會為目標。他終於能在朝思暮想的羅馬奧運會上出賽，跑鞋卻在賽前破損，而且還找不到能替換的跑鞋。他心想：「我小時候就是打赤腳跑步，所以直接打赤腳跑就好了。」原本緊張到僵硬緊繃的身體也漸漸地放鬆下來，等到回過神來，他已經跑在最前頭了。最後，他以世界最佳成績奪下男子馬拉松的金牌，刷新了奧運會的紀錄。在下一屆的東京奧運會上，他同樣奪得金牌，成為首位達成男子馬拉松二連霸的選手。後來他遭逢悲劇，一場交通事故讓他的雙腿再也無法行走，使他悲痛欲絕。他的醫生建議他嘗試殘障運動，看見希望的他便努力復健及練習，後來參加了輪椅競速及輪椅射箭的比賽。此外，他還指導年輕力壯的人如何跑馬拉松，並為田徑場的建設等盡一份心力。

人在窮途末路時所發揮的才是真正的力量。

本田宗一郎，
本田技研工業創始人
（1906-1991）

反敗為勝是人類唯一被賦予的能力。

阿爾弗雷德・阿德勒，
奧地利心理學家
（1870-1937）

你只要全力以赴就好。因為沒有人能夠做得更好了。

阿諾爾得・約瑟・湯恩比，
英國歷史學家
（1889-1975）

快要輸給自己的時候

穆罕默德·阿里

前職業拳擊手

這位  偉人

絕對不能輸！有著不屈不撓靈魂的拳擊手

穆罕默德．阿里

前職業拳擊手，
出生於美國，1942-2016。
退休之後過著與帕金森氏症纏鬥的生活

傳奇拳手穆罕默德．阿里從前曾因為有人偷走父親買給他的腳踏車，而跑去向警察報案，當時負責的馬丁警官教導他學習拳擊，讓他走上拳擊這條路。他埋頭苦練，發下豪語「要成為拳擊冠軍」，在高中時成為全美拳擊冠軍，後來更在羅馬奧運會上奪得金牌。在那之後，他轉入職業拳擊賽，獲得了重量級的腰帶，實現了孩提時代的夢想。另一方面，他反對當時對於黑人仍然根深蒂固的差別待遇，因此拒絕加入美軍前往戰場。他因違反法律而遭剝奪頭銜，並且被禁止出賽。然而，阿里並未因此氣餒，他在審判時據理力爭，最後贏得勝利。為了重返冠軍寶座，他決定挑戰年輕的拳擊冠軍，當所有人都預測他會輸掉這場比賽時，他漂亮地打贏勝仗。在1996年的亞特蘭大奧運會上，罹患帕金森氏症的他仍挺著顫抖的身軀傳遞奧運聖火。就算身負重病還是抬頭挺胸地完成這項使命，使全世界都為他這份不屈不撓的精神鼓掌。

只要不認為自己沒有能力，任何人都不會是無能的。

賽珍珠，美國作家（1892-1973）

通往目標的捷徑，就是全力以赴今日應該做的事。

高橋尚子，前馬拉松選手（1972-）

所謂冠軍，是在無法爬起時又重新爬起的人。

傑克．登普西，前職業拳擊手（1895-1983）

為了讓他人展露笑容而努力

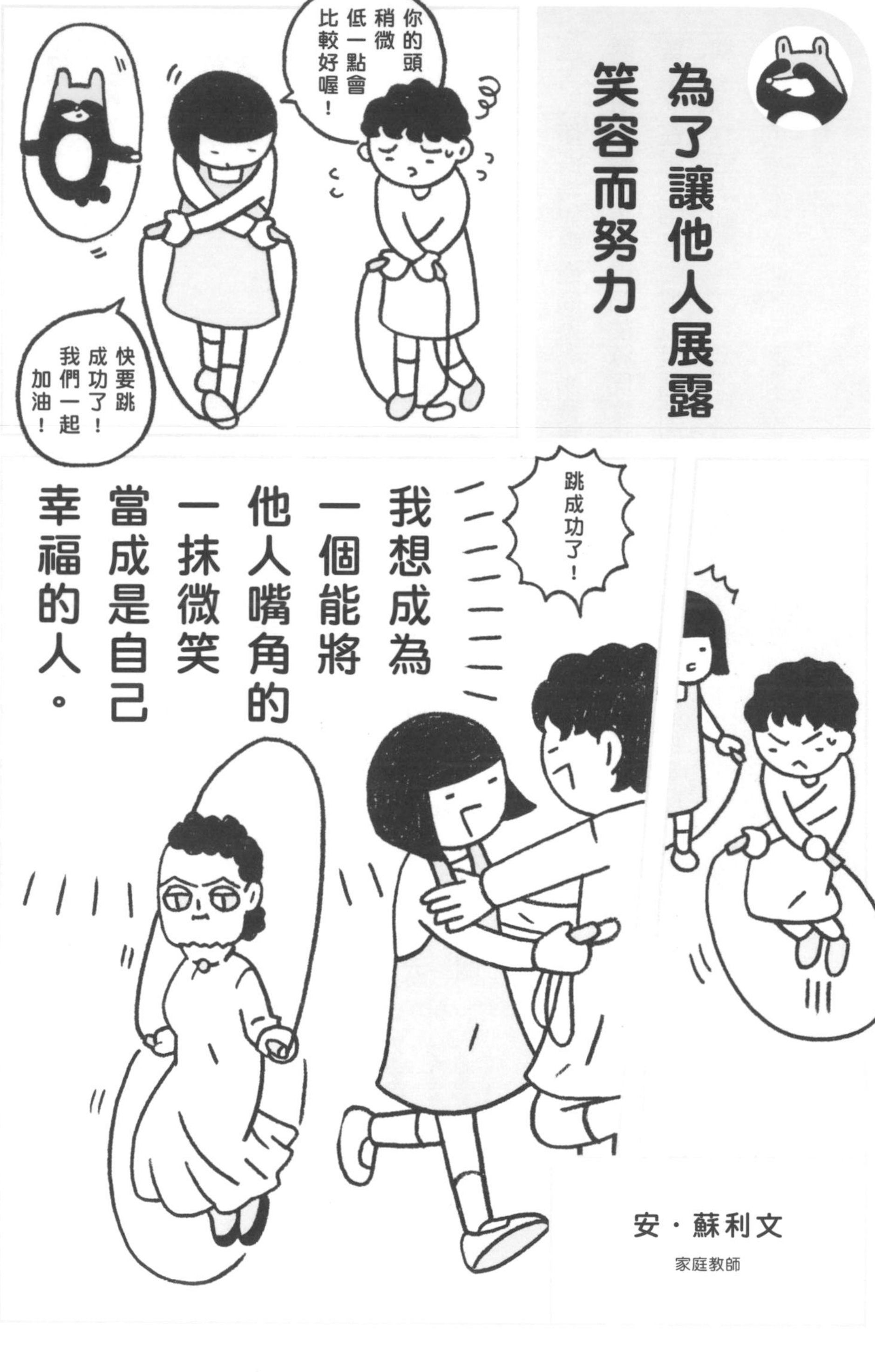

我想成為一個能將他人嘴角的一抹微笑當成是自己幸福的人。

安・蘇利文
家庭教師

這位偉人

克服自己的障礙，
也為了幫助他人
克服障礙而奉獻一生

安・蘇利文

家庭教師，出生於美國，1866-1936。
父親為農民，母親過世，
弟弟也死於肺結核

安・蘇利文是克服聾啞盲三重障礙的海倫・凱勒的家庭教師。幼年時的疾病導致她在視力上有障礙，而在母親與弟弟都過世之後，她便在孤兒院裡長大。蘇利文在14歲時進入盲人學校，相當地勤奮向學，後來她接受手術治療，使視力回復到能夠閱讀文字。20歲時，她被聘請為海倫・凱勒的家庭教師。教導一直以來都被大人們放任、寵溺的海倫・凱勒，並不是一件稀鬆平常的事，而且她從前也沒有這樣的實際經驗。

海倫・凱勒只要一不順心就會暴跳如雷，而她則用嚴格的態度以及強大的耐心去面對，二人的相處過程宛如打仗，周圍的人也是從頭到尾都捏了一把冷汗。即使海倫・凱勒的家人向她表示：「會不會有點嚴格呢？」她依然以堅毅的態度回應。孤苦伶仃的蘇利文相當珍惜海倫・凱勒，對待她猶如她最心愛的弟弟。在她的犧牲奉獻以及努力之下，海倫・凱勒終於學會開口說話，燃起了對於事物的求知欲，並且為了接受高等教育而開始努力學習。蘇利文總是在海倫凱勒的身旁，陪著她一起到大學上課，終其一生都支持著以社會福祉家活躍發展的海倫・凱勒。

人類覺得最開心的事情是什麼呢？其實很簡單，能讓他人高興就是我們最開心的事。

柳瀨嵩，漫畫家
（1919-2013）

愛，不是彼此相互凝視，而是注視著同個方向。

安托萬・德・聖修伯里，
法國作家
（1900-1944）

愛與溫柔絕不會成了浪費。因為，它們能讓施與受的人都變得幸福。

芭芭拉・德・安吉利斯，
美國心理學家
（1951-）

熱衷於喜愛事物的幸福

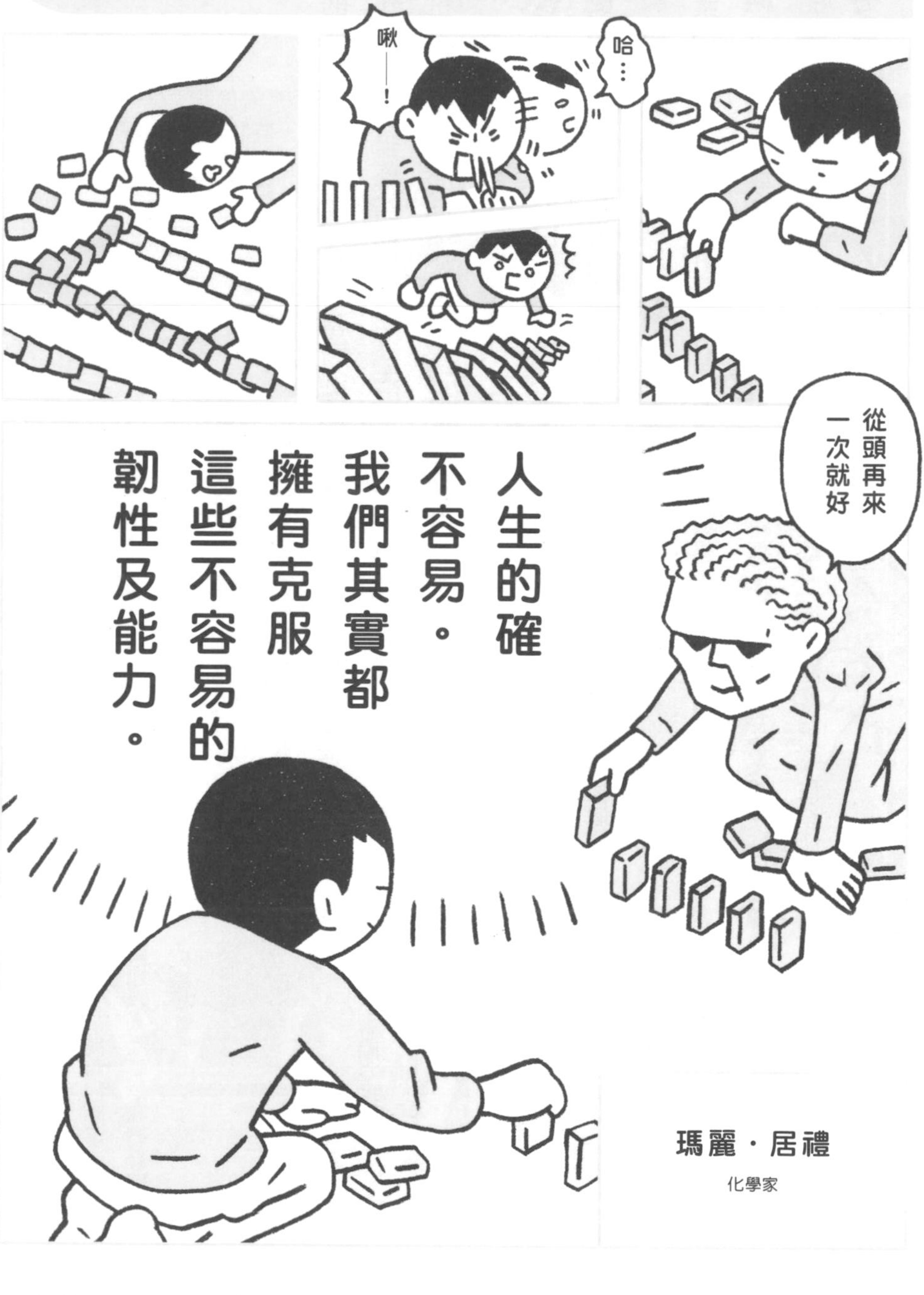

人生的確不容易。我們其實都擁有克服這些不容易的韌性及能力。

瑪麗・居禮

化學家

這位偉人

在嚴峻的研究路上
專心致志，
為科學的發展貢獻力量

瑪麗・居禮

物理學家、化學家，生於波蘭。

1867 - 1934

以女性科學家的身分在歷史上留下燦爛光輝的瑪麗・居禮，是第一位諾貝爾獎的女性得主，也是第一位二度獲獎的諾貝爾獎得主，還是巴黎大學的第一位女性教授。不過，她這一路其實走得漫長又險峻。她以第一名的成績從高中畢業，但是當時的波蘭並不允許女性上大學。在立志成為醫生的姊姊前往念大學的期間，她便去當家庭教師賺錢。姊姊在8年之後順利當上醫生，就輪到她去讀大學。她沒日沒夜地投入研究，但經濟狀況一如既往地貧困，只能靠著麵包與茶水果腹，寒冬裡也只能盡量穿多一點衣服來禦寒。後來，她與天才物理學家皮耶・居禮相遇，兩人後來結為夫妻，並在生下孩子之後，開始投入「鈾礦」的研究。他們持續進行好幾年的實驗，實驗服甚至都被藥劑弄得破破爛爛，雙手也因為接觸藥劑而脫皮、起皺，最後才終於發現了化學元素「鐳」。鐳元素對於癌症具有療效，因此有人建議他們「申請專利」，不過他們以「違反科學的精神」拒絕了這項提議。後來，她的丈夫因為交通事故而亡，使她大受打擊，但重新振作後，繼續投入研究。居禮夫人不顧當時社會對於女性研究者的偏見，將自己的一生都奉獻給對科學的熱愛。

天分是與生俱來的，而才能則是激發出來的。

可可・香奈兒，法國時裝設計師（1883-1971）

花再多時間都不是問題。最重要的是抱持目標。

尤多拉・韋爾蒂，美國作家（1909-2001）

我能夠持續前進，是因為熱愛我所做的事情。

史蒂芬・賈伯斯，美國蘋果公司創始人（1955-2011）

I have

第6章

改變往後生活態度的12句話

歌曲能帶來勇氣

哈利・貝拉方提

歌手

這位偉人

把愛傳達給全世界悲慘人們的退伍軍人歌手

哈利·貝拉方提

歌手、社會活動家，
1927年出生於美國，
為移民者的孩子

衣索比亞在1984年發生大饑荒，許多人餓得瘦骨嶙峋，接二連三地死去。而有個男人在電視前愣愣地看著這幅景象，他就是以「Banana boat song」等多首膾炙人口的歌曲聞名的歌手——哈利·貝拉方提。他深受這幅景象的衝擊，痛切地想：「這世界因為少數人的私欲，以及包含我在內的眾人冷眼相待，才導致了這樣悲慘的情況發生。但既然我知道了，就一定要改變這情況。」當時在英國已有許多知名的歌手為了援助衣索比亞而齊聚一堂，他們共同錄製歌曲，並將販售的所得捐獻給衣索比亞。哈利心想：「那麼我也要來向美國的音樂人疾呼！」為此成立「USA FOR AFRICA」，集結了麥可·傑克森、史提夫·汪達等美國音樂人，共同合唱這首「WE ARE THE WORLD」。他得到唱片公司的協助，也不收取演出費用。這首歌在全世界大賣，總共捐出多達約43億台幣的捐款。後來，哈利以聯合國兒童基金會大使的身分前往非洲各個紛爭地區。他說：「我想告訴音樂人，只要去盡最大的力量去追求喜樂，齊心合力，就能改變這世界。」

幸福就如同香水。灑在他人身上，自己也必定會沾染。

美國哲學家（1803-1882）

不論在這世界的哪裡都好，肯定有人需要你的。

法國醫師、神學家（1875-1965）

為他人點亮一盞燈，自己的面前也會變得明亮。為他人所做的事，其實都會回饋到自己身上。

黑柳徹子，女演員、電視藝人（1933）

幫助他人的「強大」

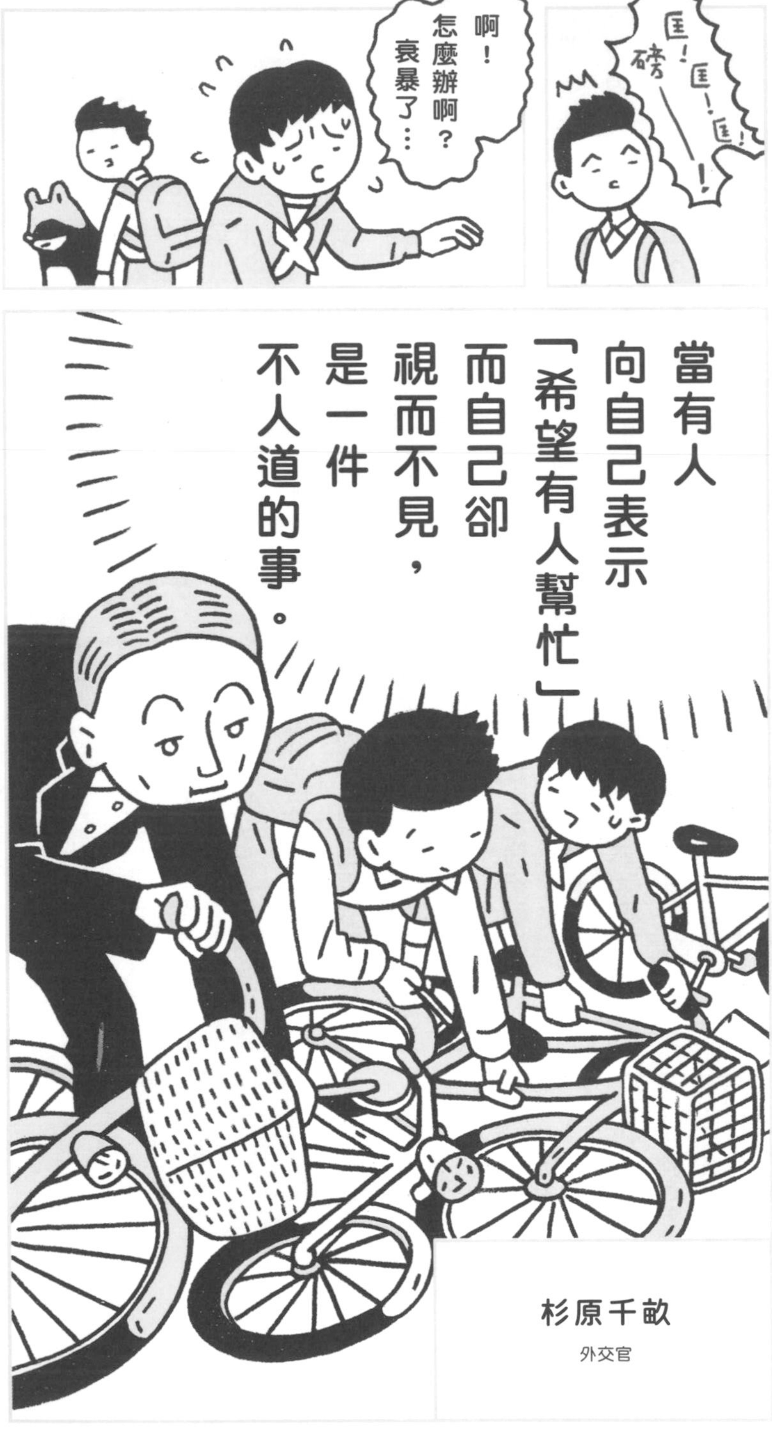
匡！磅！匡！匡！
啊！怎麼辦啊？衰暴了…
當有人向自己表示「希望有人幫忙」而自己卻視而不見，是一件不人道的事。

杉原千畝

外交官

這位偉人

捨棄自己的工作
也要救人的外交官

杉原千畝

外交官，生於日本岐阜縣美濃市，1900-1986，父親為稅務官吏

杉原千畝是一位發行「生命的簽證」，拯救多達6000名猶太人的日本外交官。他從小就是個優秀的人，為了學習語言而考上早稻田大學。拚命用功讀書的他最後成為一名外交官，並前往位於東歐的立陶宛赴任。戰時的某一日，從波蘭逃到日本大使館前的猶太人難民按下大使館的鈴。這些猶太難民一旦被德軍捕獲，就會被送到收容所，因此他們希望日本大使館能夠發放簽證，讓他們逃往日本。杉原請示日本外務省以後，得到的答案是「不准發行」。倘若他違背命令發行簽證給猶太人，說不定會遭到日本政府解雇，不僅如此，他與家人還有可能陷入危險之中。在經過一番苦思之後，他決意要發行簽證。他的妻子也贊同他的決定，並且表示：「儘管我不曉得我們將會如何，但還是請您要這麼做。」他立刻動手簽准簽證，就算到了就寢時間還是不肯休息。由於當時必須以手寫的方式書寫長文，據說他為了這些簽證都寫到手腕紅腫。他迴避日本政府要求他撤離立陶宛的命令直到最後一刻，開往柏林的火車出發前，他還是一直動手簽寫簽證。後來，他遭到日本外務省以違背命令為由解雇，直到過世14年以後，才正式回復他的名譽。

如果我做的是正確的事，就絕對不會畏懼。

羅莎・帕克斯，美國人權活動家（1913-2005）

人生的目的是為這世界盡一份力量，是展現體貼的心以及幫助他人的意志。

阿爾伯特・史懷哲，法國醫師、神學家（1875-1965）

幫助他人生活，也幫助自己生活，那才是真正的體貼。

阿蘭，法國哲學家（1868-1951）

「一如往常的每一天」是美好的

活得太過愜意、過度逃避不愉快，對於人類來說是一件危險的事。
康拉德・勞倫茲
動物行為學家

這位偉人

用他與動物一同度過的生活，證明了什麼才是重要的學者

康拉德・勞倫茲

動物行為學家，生於奧地利，1903-1989，生於名門世家

康拉德・勞倫茲誕生在一戶宛如城堡的房子裡，四周被美麗的森林所圍繞，還有潺潺小溪流過此處。他在這樣的環境之下成長，有時抓一些小動物回家飼養，與動物一起生活。他的父親是個有名的外科醫生，他按照父親的希望走上學醫之路，即使如此，他的生活還是一如往常。某一次，他注意到鳥類之中的灰雁出現了某種行為。一隻剛破殼而出的灰雁幼雛在出生後的一段期間內，會觀察在牠眼前活動的東西，然後把這個東西當成是自己的爸爸媽媽，而這樣的行為便稱為「印痕」。這項發現讓他在後來獲得諾貝爾生理學獎及醫學獎。將他當成爸媽的小灰雁總是跟在他的身後走來走去，讓他相當感動偉大的自然以及生存在自然中的生物所擁有的習性，並且埋首於動物本能及攻擊性的研究中。他也進行關於人類行為的研究，並且提出忠告：「人類一旦遠離大自然，只生活在被人工包圍的環境之下，就會增加更多的競爭及浪費，進而讓感受愈來愈薄弱，最後自取滅亡。」人類也是大自然的一部分，而他告訴了我們一件事：當我們驀然望向某處時，存在那裡的自然與動物都會使內心變得更加富足。

接近自然，與自然調和，就會產生無限的可能性。

賈克・馬攸，法國潛水員（1927-2001）

自然總是擁有比教育更加強大的力量。

伏爾泰，法國哲學家（1694-1778）

自然是我們的老師。我們要望著自然學習，遵循著自然思考。

山岡鐵舟，政治家、思想家（1836-1888）

只相信親眼所見

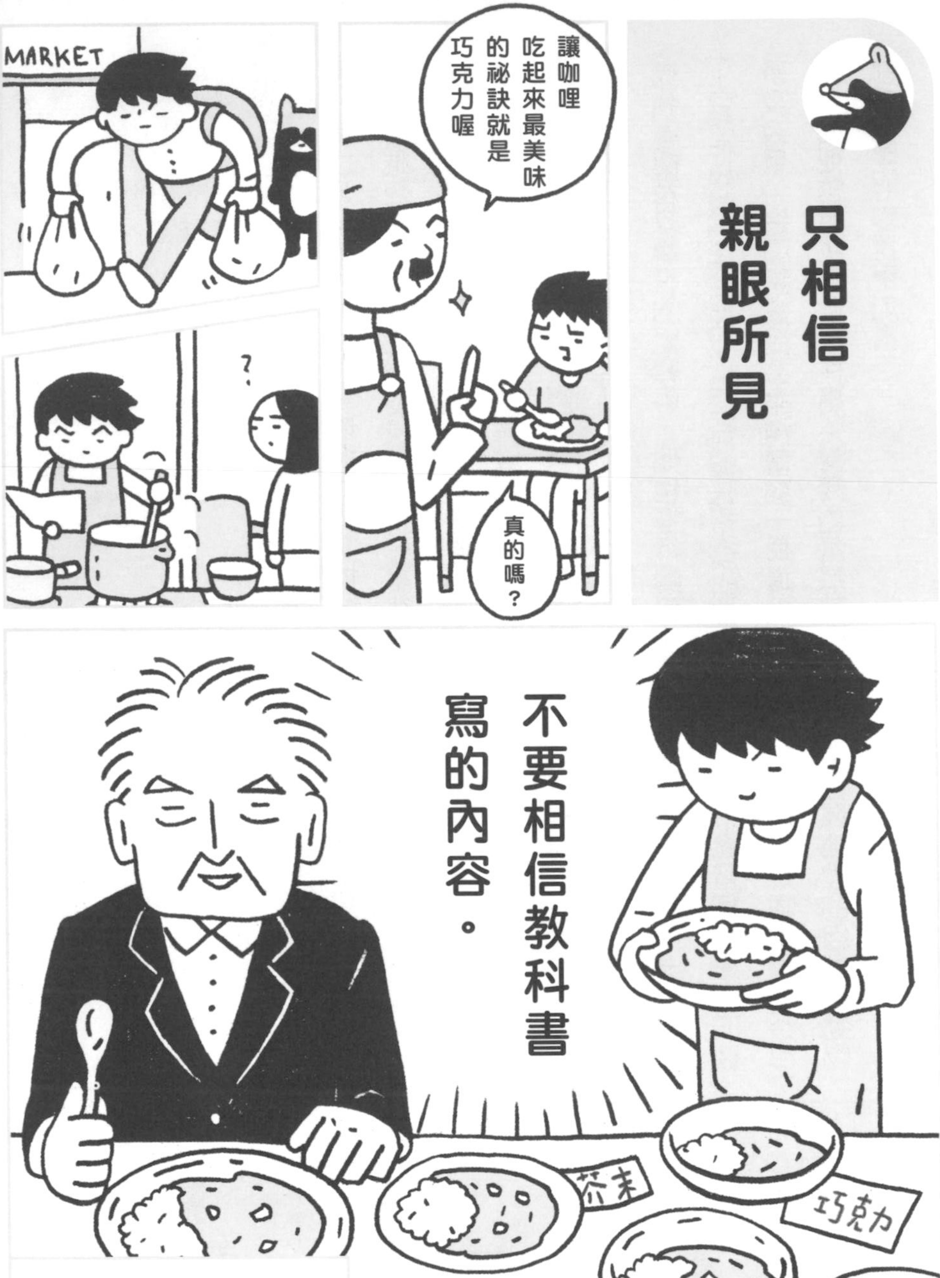
MARKET
讓咖哩吃起來最美味的祕訣就是巧克力喔
真的嗎？
不要相信教科書寫的內容。
芥末
巧克力
番茄與番茄醬
醬油
燒肉醬

本庶佑

醫學家

這位偉人

擁有好奇心，並且只相信親眼所見的研究者

本庶佑

醫學家，
1942年生於日本京都府，
父親為醫師

每兩個日本人之中就有一個人罹患癌症。有些癌症會持續惡化且難以治療，人們現今仍在持續開發各種抗癌的新型藥物。其中，讓癌症末期的病患看見一線曙光的抗癌藥物，就是作用於人體免疫系統的免疫藥物「nivolumab」。而發現與這個劃世紀的抗癌藥物有關的「PD-1」的人，正是諾貝爾生理學獎的得主——本庶佑教授。他在小學時曾夢想成為一名天文學家，然而受到身為臨床醫師的父親所影響，後來進入了京都大學醫學部就讀。他所選擇的基礎科學研究對於醫學及科學領域而言，是一門不可或缺的學科。不過，基礎科學研究不僅耗費時間與精力，通常還不可能馬上就有所成果，需要相當大的耐性。不過，他還是鼓勵那些立志成為研究者的學生：「你們要擁有好奇心，不要輕言放棄，一直做到親眼確認、相信為止。」並且也告訴他們：「論文裡面也是有很多錯誤的地方，你們千萬不要輕易地就相信。」有人在高爾夫球場上對他說：「我還以為這是我的『最後一回合』，沒想到病情卻好轉了，這都是托您的福。」他說，能聽見別人這麼說，是令他感到最為欣慰的一件事。

懷疑是發明之父。

伽利略・伽利萊，
義大利科學家
（1564-1642）

用眼觀察即是獲得新知。

尚-亨利・法布爾
法國博物學者
（1823-1915）

在你親身經歷之前，任何事情都不是真的。即使許多人口中所說的「諺語」也是如此。

約翰・濟慈，
英國詩人
（1795-1821）

送給房間亂七八糟的你

好像該整理了……
只留下讓你怦然心動的東西，其他的就全部丟掉，這樣能讓你更喜歡自己。
心無波瀾
怦然心動

近藤麻理惠
整理收納諮詢顧問

這位偉人

整理教會我們什麼才是對自己最重要的事、需要的物品

近藤麻理惠

整理收納諮詢顧問，
1984年生於日本東京都，
現居美國加州

「KonMari」是現在美國最熱門的電視節目之一。在這個節目中，身為整理諮詢顧問的近藤麻理惠前往為整理所困擾的家庭拜訪，並指導他們如何進行整理。這個節目播出之後大紅，甚至還形成用來代指「整理」的新用語「KonMari」。她從5歲開始就對於閱讀主婦雜誌等等的家事或整理收拾很有興趣，並在升上國中之後開始閱讀書籍，認真地研究起整理收拾。一進入大學，她就開始從事整理諮詢顧問的工作，大學畢業則進入某間公司上班，後來自立門戶並擴大業務，於2011年出版書籍《怦然心動的人生整理魔法》。2014年，這本書在美國翻譯出版，成為暢銷書籍。如今，這本書已有超過40國家翻譯出版，並收到來自各個國家的商業邀請。她所提出的整理方式的特徵，不是教人要如何丟東西，而是告訴你要留下「怦然心動的物品」。翻譯成英文是「Spark joy」，而對於丟棄的物品則要合掌表達謝意。就這樣，將周遭環境整理整齊，有時能讓我們的內心得到療癒，或訓練出我們的決斷力，進而使人生變得更加光明燦爛。而她則是朝著「整理好全世界」的夢想邁進。

不應該讓用不到的東西、不好看的東西放在家裡。

威廉・莫里斯，
英國設計師、詩人
（1834-1896）

整理好家裡就是整理好自己。

凱倫・金斯頓，
英國作家

掃除是學習拋棄「執著」的修行之一。

金原東英，
住持

當你覺得朋友有錯時

都是你害的！所以全部1年級的明天都給我剪掉頭髮，負起連帶責任！

今天，我們全部的人都從8點就開始自主訓練了！不過，我們不會剪掉頭髮的！
正因為信任，人才會拼盡全力。

武田信玄

戰國武將

這位偉人

不做自己覺得有所疑問的事，而這一份強大支持著他的人生

武田信玄

日本戰國時期的武將、大名，生於甲斐國，1521-1573，為武田家的嫡子

戰國時代以軍旗「風林火山」聞名的武田信玄，幼名喚為太郎。當時，他的父親信虎為了得到領地而不停地出兵打仗。太郎雖然是繼承人，但父親不知為何總是偏愛弟弟次郎。有一天，父親信虎把罪人帶到他與次郎的面前，接著將刀子遞給次郎，命令次郎砍了他，而次郎遵照信虎所言砍下罪人的頭顱。然後，信虎又把刀子遞給太郎，說：「次郎幹得好。接著換你來。」但太郎當看見罪人被五花大綁而顫抖不已的樣子，他卻怎樣都下不了手。他試著要拔刀，手卻抖個不停，額頭也冒出大汗。父親斥責他：「連個不能動彈的人都砍不了，真是個沒有用的廢物。」然後就只帶著次郎回到屋內。武田家的一位重臣看見這幅景象，則是深信：「不愧是太郎。砍殺一個不能動彈的人對於武士而言是奇恥大辱。這一位必定能為武田家效力。」即使是父親的命令，他也不做自己覺得有所疑問的事。果真如那位重臣的猜想，太郎靠著巧妙的戰術擴張領土，成為一位聲名大噪的武將。

明確地說出「不」會使人生變得快樂。

大島渚，電影導演（1932-2013）

信得過自己的人也能得到其他人的信任。

格雷安．葛林，英國作家（1904-1991）

只要不是重要的事，不管其他人說什麼，我都會跟他說「你隨意就好」。

邁爾士．戴維斯，美國爵士音樂小號演奏家（1926-1991）

成功的 5 個要素

偷懶是不好的喔
我好愛你喔
你這傢伙人真好
我一定要去做！
我分你一半吧
想讓自己變得更有自信，那就請你擁有愛、誠實、信心、歡笑與善意。
安德魯・卡內基
實業家

這位偉人

從貧窮階級躍升為史上第二大富豪，並在晚年時為了財富分配盡一份力量的鋼鐵王

安德魯・卡內基

實業家、慈善活動家，
生於英國蘇格蘭，1835-1919

安德魯・卡內基是僅次於洛克菲勒的世界第二富豪，父親是個貧窮的紡織工人，他在13歲時隨家人從蘇格蘭搬到美國定居。卡內基的腦筋從小就很好，而且又有行動力，他曾在紡織工廠、電報局等等工作，逐漸顯現出其鋒芒。當時，美國正在興建鐵路、橋梁等公共基礎設備，讓鋼鐵的需求量有著飛躍般的成長。看準這股潛能的他開了一間公司，1899年時已成為美國的鋼鐵大王，公司所生產的鋼鐵占全美鋼鐵生產總量的25％。另一方面，他不認為個人獨占財富是正確的事，因此退休以後便全心投入慈善事業。

正如這句話：「與其揮霍財富，富人更應該把錢用在能讓社會變得更好的事情上。」他捐出了鉅額善款，而其中一項是捐贈圖書館。他從小就非常喜歡閱讀，卻因為貧窮而無法買書，這一份經驗讓他決定提供資金給沒有圖書館的地區興建圖書館。他以「回報社會」作為富人的義務，並落實這份理念。他將捐款優先提供給有所目標或對營運有所熱情的人，而對於只想拿到「捐款」的人則是嚴格以待。

任何教育都敵不過從逆境中學習到的經驗。

班傑明・迪斯雷利，英國政治家（1804-1881）

使至多的人歡喜，是人類至高無上的光榮。

德川家康，江戶幕府開創人（1543-1616）

多一點喜歡的事也無妨

沒有客觀的事實。

只有透過親眼所見的事實。

維爾納・海森堡

物理學家

這位 偉人

不同領域的音樂世界
對自己專精的物理學
也帶來正面影響

維爾納・海森堡

物理學家，生於德國。

1901-1976

維爾納・海森堡提出「不確定性原理」，以量子力學獲得諾貝爾獎，是一名與愛因斯坦並駕齊驅的物理學家。在身為大學教授的父親建議之下，海森堡從小就學習鋼琴，是個相當喜歡音樂的人。放學回家之後，他會集中精神在短時間內完成功課，接著馬上練習彈鋼琴，長大以後依然沒有改掉這個習慣。據說，他在受聘為萊比錫大學的教授之後，也在自己的研究所辦公室內放了一架鋼琴。而鋼琴則為他帶來了獨一無二的邂逅，那就是年輕貌美的嬌妻。他在演奏會上表演鋼琴三重奏時，與坐在對面彈奏鋼琴的她四目相交，猶如命運的一瞬間。他在後來表示，「古典音樂」持續為他的人生帶來影響。他認為，人應該要試著去接觸自己的專業或擅長領域以外的不同事物。例如能讓生活更多采多姿的音樂、繪畫、雕刻、手工藝、技藝等等，有機會去接觸這些不同的事物，也許就會開啟自己內在的另一條渠道的門扉，有著意想不到的展開在等待著我們。

經驗才是我們的老師。

李奧納多・達文西，義大利藝術家（1452-1519）

興趣肩負著幸福，並帶來許多幸福的副產物。

約瑟・墨菲，美國著述家（1898-1981）

音樂是我的避難所。鑽進音符與音符的空隙間，我就能背對著孤獨。

馬雅・安傑洛，美國詩人、作家（1928-2014）

如果心中有想表達的事

好可怕！
好大隻的蛾!!
好討厭！殺了牠！
啊啊啊!!
我們生活在這世界上，都是大自然的一份子，必須與其他的生物共生共存才行。

喬伊・亞當森

作家

這位偉人

讓世人知曉野生動物的實際狀態，提倡人類與野生動物共生共存的重要性

喬伊・亞當森

作家、藝術家，生於奧地利的富裕家庭，是三姐妹中的次女。

1910-1980

喬伊・亞當森是《獅子與我》的作者，她的丈夫是肯亞的野生動物保護官，負責管理野生動物及自然環境。某一天，一隻母獅遭受攻擊而亡，他便將母獅身旁的3隻獅子寶寶帶回家中。喬伊餵這3隻獅子寶寶喝奶，幫牠們清理排泄物，費盡苦心照顧牠們。在這3隻獅子寶寶長成幼獅之後，他們將其中兩隻送到動物園，留下了最小的那一隻，而牠就是《獅子與我》的主角艾莎。夫妻二人相當地疼愛艾莎，但他們也認為「不應該把牠當成寵物飼養」，因此二人開始慢慢地訓練艾莎回歸自然。長大成為成獅的艾莎回歸大自然的那一天終於到來了，他們忍住不捨的心情，將艾莎送回原野。沒想到，艾莎竟然在幾個月以後帶著小獅子寶寶回來玩耍。夫妻倆大吃一驚，這是因為其實艾莎已經徹底回歸原野了。《獅子與我》這本書描述他們與艾莎之間的交流，是一本相當熱銷的書籍。書中談到關於野生動物棲息的地方愈來愈少，也提及盜獵者會獵殺野生動物來販售的事情，讓全世界都知道野生動物所面臨的危機狀況。後來，這本書被翻拍成電影，她也前往世界各地發表演說，並利用所得成立「艾莎動物基金會」，為保護野生動物竭盡全力。

我們都是「共乘」的夥伴，共同搭乘這顆獨一無二的地球。

手塚治虫，漫畫家（1928-1989）

人類並未完全脫離大自然，至始至終都是大自然的一部份。

埃里希・弗羅姆，德國心理學家（1900-1980）

在大自然中，沒有一樣不值得我們去愛。不論是一個人，還是一棵樹。

羅曼・羅蘭，法國作家（1866-1944）

想逃避做不到的事情時

別用自己的價值觀去責備他人；
別因為一次的失敗就全盤否定；
要看見優點，別只注意缺點；
要看內心，別只看結果。
這樣一來，必定能讓人匯聚於此。

吉田松陰

思想家

這位偉人

利用身處逆境之中的那段期間克服自己的弱項，窮究學問

吉田松陰

教育家、思想家，
生於日本長州藩，1830-1859。
武家的次子

吉田松陰是松下村塾的塾長，這間私塾培育出許多在明治維新中表現活躍的人。他原是個貧窮的下級武士的孩子，5歲時繼承了學者世家吉田家，每天都接受嚴厲的教育，只要拿著書的手稍微低了一點，就要接受責打。8歲的他已是長州藩裡的見習教師，甚至連藩主也聽聞他傑出的表現。青年才俊的他為了確認日本當時的處境而決定外出旅行。他在長崎蒐集海外的資訊，也搭乘過荷蘭的船隻，難以置信西洋文化的品質竟然如此卓越。後來，他開始定居江戶，到沿岸進行調查，加深身為兵學家的自己的知識。某次，出現在津輕海峽的俄國船艦砲擊東北，他在得知此事件之後便動身前往東北。由於出發得太過著急，在還沒得到藩主的許可前就離開江戶，結果遭到禁閉處分。而他在前往東北的這趟旅程中，則是深感自己對於日本歷史的認知過少，因此這次的禁閉處分反而讓他覺得很幸運，有機會去鑽研歷史書籍。若想與外國建立起關係，不僅要擁有相關知識，更重要的是知曉彼此之間的差異所在。因為如此，他認為一定要去認識並且了解自己的國家。

我不關心你是否跌倒了，而是關心你是否重新爬起。

亞伯拉罕・林肯，
美國前總統
（1809-1865）

所謂失敗是繞條路走，而不是走進死路。

齊格・齊格勒，
美國作家
（1926-2012）

最重要的不是你忍耐了什麼，而是你能忍耐到何種地步。

盧修斯・阿奈烏斯・塞內卡，
羅馬帝國政治家
（西元前1-西元65）

有夢想的人與沒有夢想的人

三浦雄一郎

職業滑雪者

這位偉人

不管何時都能開始，65歲時重新出發的職業滑雪者

三浦雄一郎

職業滑雪選手，1932年生於日本青森縣，父親為登山滑雪者

三浦雄一郎小時候非常喜歡在大自然裡玩耍。小學4年級時，只顧著玩耍的他在課業上的成績很不好，所以被大人轉到大城市裡的學校念書。他寄宿在同學家中，在學校則被訓斥「連這種事也不會」，所以每天回家之後都在特訓。他愈來愈沒有活力，結果最後生了一場重病。即使回到父母親的身邊，他依舊鬱鬱寡歡。某一天，他的父親找他一起去滑雪，在他終於走完那條又長又難走的路，到達山上的小屋之後，每個人都誇獎他：「你真了不起！」那時的他心想：「雖然我在課業上一竅不通，但是我有屬於我的世界。再辛苦的事，只要做了就辦得到。」於是重新振作起來。後來，他考上大學並成為一名活躍的職業滑雪選手，完成從世界七大陸最高峰滑雪下山的紀錄。但在那之後，他失去了目標，過了好長一段不重養生的生活，搞壞了身體。在他看見仍以現役滑雪選手的身分持續挑戰滑雪的父親，以及自己兒子的活躍身影之後，決定痛改前非。他重新找回夢想，65歲的他目標在70歲登上聖母峰，並且開始進行訓練。在成功達成這項紀錄後，他的這項挑戰也被列入金氏世界紀錄之中。如今的他已年過80歲，仍為了下一項挑戰持續進行訓練。

空有夢想，並無法改變任何現實。夢想必定與行動息息相關。

● 小查爾斯・勞勃・瑞福，美國演員（1936-）

神並沒有要我們成功，祂只是希望我們去挑戰。

● 德蕾莎修女，馬其頓修女（1910-1997）

在聽見內心出現「你再也不能畫」的聲音時，更要去作畫才對。這樣一來，就能消滅內心的聲音。

● 文森・威廉・梵谷，荷蘭畫家（1853-1890）

任何時候都要有幽默感

對不起，都是因為我發生意外才害你們……
不是，沒有你上場就贏不了比賽的我們才是罪魁禍首……
……
……別擺著一張苦瓜臉啦！
我們來比賽瞪眼，看誰撐得久！
啥？
啊～噗～
幽默感是一種精神武器，讓我們不會迷失自我。
維克多·弗蘭克
精神科醫生

這位偉人

即使身處於絕望之中，開朗的人也不會忘了保持笑容

維克多・弗蘭克

精神科醫生、心理學者，生於奧地利。1905-1997

維克多・弗蘭克是一名精神科醫生，第二次世界大戰期間，身為猶太人的他與新婚妻子、父母雙親一同被抓到集中營。在集中營裡的每一天，不僅無法獲得正常的飲食，還要做極為嚴苛的勞動。在衛生欠缺的環境之下，愈來愈瘦弱而且感到絕望的人一個接著一個死去。他的妻子與雙親沒多久就離開人世，只剩他一人活在這世上。後來，他幸運地活著走出集中營。他說，許多能在那個悲慘環境裡活下來的人，都是不忘幽默的開朗之人。人們在落入猶如地獄般的狀況時，通常都會失去希望。在集中營裡，軟弱無能的人一個個都被送到了毒氣室。那是一個即使告訴對方「要心懷希望」也無能為力的狀態。所以，他領悟到在那種時候更是需要幽默感與樂觀。他也說，有些人將只有一口的食物分給其他人，對其他比自己弱小的人伸出援手，而他在這些人的身上看見了「身為人的尊嚴」。有些人即使對於活著沒有真實感受，仍感動夕陽的美而站著凝視到最一刻，而他看著他們站立的身影，觀察著這些身在極限狀態之下的人類，將他在集中營裡的所見所聞、親身經歷撰寫成書籍《活出意義來》。現今，世界各地仍有許多人還在閱讀著這一本名著。

如果我沒擁有幽默感，或許我就撐不過這麼漫長而艱苦的戰鬥。

聖雄甘地，印度政治領袖、律師（1869-1948）

幽默的泉源不是歡喜，而是悲傷。天堂裡是沒有幽默的。

馬克・吐溫，美國作家（1835-1910）

幽默有著讓人在任何場合之下都能一帆風順的力量。

阿倫・克萊恩，作家

嗡

小故事4

在你真的很難受時，應該要讀一讀的一首詩

納爾遜・曼德拉是南非共和國的首位黑人總統，致力推動廢除「Apartheid」（種族隔離制度）。在他的人生當中，曾有過27年的牢獄生活。狹小的牢房裡只有一張薄毯，以及用來當成馬桶的水桶。白天，則有戶外的重度勞力工作等待著他。在宛如地獄般的生活之中給予他支持的，是這一首詩歌：

夜色沉沉將我籠罩，黑暗深淵潛伏於鐵欄，我要感謝一切神祇，
賜予我不敗的心靈。
縱使狀況凶險惡劣，我也不退縮或哭嚎，
遭命運擊倒而流血，我也絕不屈服退縮。
悲憤與淚水的彼方，是令人畏懼的死亡，
但即使長久遭脅迫，我依舊會無所畏懼。

縱然這道門如何狹窄，即便要遭受何等苦罰，

我就是我命運的主宰。

我就是我靈魂的統帥。

在天寒地凍的夜裡、在展開痛苦一天的早晨裡，想必他將這首詩歌握在手中，反覆地看了又看吧。

這首詩歌的作者是英國詩人威廉・亨利，同樣也有著悲慘不已的一生。他在12歲時因罹患肺結核而截掉左腳。他為了成為新聞工作者而勤勉向學，卻在後來又經歷了8年的住院生活，甚至連右腳也遭到截肢。長大以後，他結了婚並有了女兒，女兒卻在6歲時因病過世……。遭逢一次又一次悲劇的他挺了過來，而這首詩正表現出他對悲劇永不屈服的內心吶喊。

曼德拉將反對種族歧視的自己與威廉亨利的人生重疊在一起，也將這一份「永不屈服的精神」作為他的精神。

出處

●小故事

・『愛なんて大っ嫌い』冨永愛（ディスカヴァー・トゥエンティワン）
・『浅田真央物語Princess Mao』青嶋ひろの（角川つばさ文庫）
・『明日のために、心にたくさん木を育てましょう』若宮正子（ぴあ）
・アナザーストーリーズ運命の分岐点「We Are The World ～10時間の真実」（NHKBSプレミアム・ドキュメンタリー、2018年7月3日放送）
・『あの偉人たちを育てた子ども時代の習慣』木原武一（PHP研究所）
・『一流の達成力——原田メソッド「オープンウィンドウ64」』原田隆史・柴山健太郎（フォレスト出版）
・『インビクタス／負けざる者たち』（ワーナー・ブラザーズ、2009年）
・『エルザわが愛』ジョイ・アダムソン・藤原英司訳（文藝春秋）
・『荻野吟子——日本で初めての女性医師』加藤純子（あかね書房）
・『オードリー・ヘップバーンという生き方』山口路子（KADOKAWA・中経出版）
・『大坂なおみ世界No.1に導いた77の言葉』児玉光雄（サンクチュアリ出版）
・『思うは招く——自分たちの力で最高のロケットを作る！』植松努（宝島社）
・『落ちこぼれてエベレスト』野口健（集英社）
・『学校は行かなくてもいい——親子で読みたい「正しい不登校のやり方」』小幡和輝（エッセンシャル出版）

・『学校へいきたい！——世界の果てにはこんな通学路が！』第1期全4巻・第2期全4巻（六耀社）
・『孤独は消せる。』吉藤健太朗（サンマーク出版）
・『心を強くする「世界一のメンタル」50のルール』サーシャ・バイン著・高見浩訳（飛鳥新社）
・『菊次郎とさき』ビートたけし（新潮社）
・『聖の青春』大崎善生（角川文庫）
・『人生がときめく片づけの魔法　改訂版』近藤麻理恵（河出書房新社）
・『10分で読める発明・発見をした人の伝記』塩谷京子（学研）
・『10分で読める夢と感動を生んだ人の伝記』塩谷京子（学研）
・『10分で読める命と平和につくした人の伝記』塩谷京子（学研）
・『10分で読めるスポーツで夢をあたえた人の伝記』塩谷京子（学研）
・『10分で読めるリーダー・英雄になった人の伝記』塩谷京子（学研）
・『スピルバーグその世界と人生』リチャード・シッケル・大久保清朗、南波克行訳（西村書店）
・『素顔のココ・シャネル』イザベル・フィメイエ著・鳥取絹子訳（河出書房新社）
・『杉原千畝物語——命のビザをありがとう』杉原幸子・杉原弘樹著（金の星社）
・『育てにくい子は、挑発して伸ばす

──東大異才発掘プロジェクトの教育メソッド』中邑賢龍（文藝春秋）
・『チャーチル不屈のリーダーシップ』
ポール・ジョンソン著・山岡洋一・高遠裕子訳（日経BP社）
・『伝記世界の思想家から学ぶ4──未来を生きる道しるべ』（清水書院）
・『新島八重』白石まみ著・川口暁弘監修（学研教育出版）
・『日本と世界を結んだ偉人・明治編』河合敦監修（PHP研究所）
・『日本の偉人ものがたり22話』PHP研究所編（PHP研究所）
・『ノーベル──人類に進歩と平和を』大野進（講談社火の鳥伝記文庫）
・『ハリソン・フォード』ミンティー・クリンチ著・水野みさを訳（近代映画社）
・『101%のプライド』村田諒太（幻冬舎）
・『福沢諭吉』浜野卓也（ポプラ社）
・『窓ぎわのトットちゃん』黒柳徹子著・いわさきちひろ絵（講談社）
・『宮崎駿の原点──母と子の物語』大泉実成（潮出版社）
・『歴史を生きた女性たち──第2巻芸術・学問・教育の世界を切り拓いて』
歴史教育者協議会編（汐文社）
・『ラファエル・ナダル自伝』ラファエル・ナダル／ジョン・カーリン著・
渡邊玲子訳（実業之日本社）
・『夜と霧』ビクトール・フランクル（みすず書房）
・『ユージン・スミス──水俣に捧げた写真家の1100日』
山口由美著（小学館）

● 名言

・『いい言葉が人生を変える──世界の賢者50人「生きがい」のメッセージ』
塚本晃生（廣済堂出版）

・『必ず出会える！　人生を変える言葉2000』西東社編集部（西東社）
・『人生を動かす賢者の名言』池田書店編集部（池田書店）
・『人生を創る言葉』渡部昇一（致知出版社）
・『人生の名言1500──あなたが変わる偉人・賢人の魔法の言葉』
別冊宝島編集部編（宝島社）
・『世界名言集』岩波文庫編集部（岩波書店）
・『大切なことに気づく365日名言の旅』
WRITES PUBLISHING編（ライツ社）
・『大切なことに気づく365日名言の旅世界の空編』
WRITES PUBLISHING編（ライツ社）
・『ニューモラル　心を育てる一日一話』
モラロジー研究所出版部（モラロジー研究所）
・『必ず出会える！　人生を変える言葉2000』西東者編集部編（日東社）
・『心がきれいになる365日誕生花と名言』
WRITES PUBLISHING編（ライツ社）
・『わたしの思考探求①』
NHK「Q」制作班編（NHK出版）（有吉忠行／PHP研究所）

● 参考網站

・癒しツアー、偉人の名言・格言
・世界の名言・格言
・名言+Quotes
・名言DB
・名言ナビ

（2019.11.10當時的資訊）

文 · 定政敬子

津田塾大學英文系畢業。
多年以來於美國新聞業界、國內出版業界，
從事寫作與編輯關於教育、自我啟發等書籍。
著有同系列暢銷書籍
《這個句子拯救我 給青少年的強心金句》

圖 · Modoroka

1987年出生於大阪府。
2008年起任職於文平銀座股份有限公司。
現為自由工作者，
工作內容主要為平面設計及繪製插圖、漫畫。
著有同系列暢銷書籍
《這個句子拯救我 給青少年的強心金句》

這個句子改變我

越早理解越好的人生名言集

出　　版／楓葉社文化事業有限公司
地　　址／新北市板橋區信義路163巷3號10樓
郵政劃撥／19907596　楓書坊文化出版社
網　　址／www.maplebook.com.tw
電　　話／02-2957-6096
傳　　真／02-2957-6435
作　　者／定政敬子
插　　畫／Modoroka
翻　　譯／胡毓華
責任編輯／王綺
內文排版／楊亞容
校　　對／邱怡嘉
港澳經銷／泛華發行代理有限公司
定　　價／320元
初版日期／2021年 4 月

國家圖書館出版品預行編目資料

這個句子改變我 / 定政敬子作 ; 胡毓華翻譯. -- 初版. -- 新北市 : 楓葉社文化事業有限公司, 2021.04　面 ;　公分

ISBN 978-986-370-269-6（平裝）

1. 格言

192.8　　110001380